Johannes Fiebig

Die Waage in uns

Liebe und Gerechtigkeit

W0035175

Königsfurt Verlag

Reihe
Astrologie, Tarot, Träume & Märchen
Band 7
Waage

Originalausgabe
Königsförde November 1991

Copyright © Königsfurt Verlag
Bürger & Fiebig
Königsfurt 6
D-2371 Klein Königsförde
am Nord-Ostsee-Kanal
(Post Bredenbek)

Umschlaggestaltung: Michael Rompf, Hamburg

Abbildung der Tarot-Karten:
Rider Waite Tarot und Crowley Thoth Tarot -
Bezugsquellennachweis und Copyright
bei AG Müller, Neuhausen/Schweiz.
Ancien Tarot de Marseille -
Copyright bei Ets France Cartes – Grimaud, Paris.

Schreibarbeiten: Anke Senff, Mielkendorf bei Kiel

Gesamtherstellung: Clausen & Bosse, Leck
Printed in Germany
ISBN 3–927808–07–5

Inhalt

Für Doris, Ulla,
Andreas und Benedikt

Unsere Erfahrungen
verwandeln sich meist rasch
in Urteile.
Diese Urteile merken wir uns,
aber wir meinen,
es seien die Erfahrungen.
Natürlich sind Urteile nicht so
zuverlässig wie Erfahrungen.
Es ist eine bestimmte
Technik nötig, die Erfahrungen
frisch zu erhalten,
sodaß man immerzu
aus ihnen
neue Urteile schöpfen kann.
(Bertolt Brecht)

Die Waage in uns

Eine Einführung in die Symbolkunde

Ein Mensch ohne Bilder, Begriffe und Symbole ist wie ein Fisch ohne Wasser oder wie eine Waage ohne Dreh- und Angelpunkt. Die Seele »denkt« in vielen Formen und besonders gerne in Symbolen. Auch Körper, Geist und Wille besitzen und benutzen Bilder und Begriffe in vielfältigster Gestalt. Symbolkunde, wie sie hier verstanden wird, handelt demnach weniger von exotischen Sonderzeichen, sondern vielmehr von alltäglichen Begebenheiten. Das Fantastische, das wir gleichwohl auf unserer Reise in die Welt der Symbole antreffen werden, rührt aus unbekannten Dimensionen des Alltäglichen und Allgegenwärtigen. In dieser Beziehung stehen die Symbolsprachen einem guten Krimi, einem treffenden Gedicht oder einer anspruchsvollen Rätselaufgabe in nichts nach. Das Gewohnte in seinen geheimnisvollen, oftmals überraschenden Seiten zu erfahren, ist ein gleichermaßen spannendes, herausforderndes und befriedigendes Erlebnis.

Ein »Symbol« ist ein Ding, eine Erfahrung, ein Gedanke oder ein Ereignis, worin verschiedene Wirklichkeiten sich zusammenfügen. Symbolon bedeutet soviel wie Zusammentreffen (wörtlich: Das Zusammen-Geworfene). Symbolisch ist eine Angelegenheit immer dann, wenn in ihr mehrere Sachverhalte gemeinsam gültig sind. In einem Symbol berühren sich verschiedene Welten in einem Punkt oder zur selben Zeit.

Symbole im Alltag

Jede Erfahrung, jedes Ereignis kann eine symbolische Mitteilung darstellen. So sieht es die Traumdeutung anerkanntermaßen für die Nachtträume. Aber die Methoden und die Ergebnisse der Traumdeutung lassen sich auch auf Tagträume, auf Fantasie- und Wunschvorstellungen anwenden. Alles, was im Tagesablauf geschieht, ist potentiell ebenso bedeutungsträchtig, wie es dies als Teil des Traumlebens wäre. Ob der Postmann zweimal klingelt, ob ein Geschäftsabschluß gelingt, ob ein Abfluß verstopft ist, welche Begegnungen Ihnen beruflich oder privat ins Haus stehen, was Sie mit Nachbarn oder Verwandten erleben – dieses und anderes mehr besitzt (auch) symbolische Dimensionen und läßt sich nach den Regeln der Traumdeutung (und anderer Symbolsprachen) deuten.

Es ist wichtig zu verstehen, daß alles im Leben eines Menschen (auch) eine symbolische Bedeutung besitzt oder besitzen kann. Seitdem der Mensch überhaupt Mensch geworden ist, seit er sich aus den stummen Zwängen der Natur befreit hat, besitzt er auch Symbole. Keineswegs sind Symbole ein Thema nur solch spezieller Symbolsprachen wie Tarot, Traumdeutung, Astrologie und Märchen. Daß diese in diesem Buch im Vordergrund stehen und Sie zu einer persönlichen Symbolkunde einladen möchten, hat eigene Gründe. Zunächst muß jedoch von dem verbreiteten Mißverständnis abgeraten werden, welches das Alltagsleben und die Welt der Symbole als voneinander getrennte Bereiche sieht. Als sei ein Leben mit Symbolen eine Erfindung oder eine Besonderheit von Psychologie, Theologie oder Esoterik. Tatsächlich leben wir *immer* auch mit und in Symbolen. Die Körpersprache und der mündliche Ausdruck sind die ersten und wichtigsten Symbolsprachen, die jeder Mensch besitzt und ein Leben lang erlernt. Viele andere Symbolsprachen schließen sich an – einschließlich der Schriftsprache, der in einer Gruppe oder Gesellschaft herrschenden Arten des Denkens, Zählens und Rechnens usw. Eine ganze Kultur bildet sich aus vielen einzelnen Symbolsprachen. Die Kunst besteht dabei darin, zwischen allgemeingültigen und höchstpersönlichen Bedeutungen der Symbole zu unterscheiden.

Sprache des Unbekannten

In seiner (nicht nur in Fachkreisen) wohlbekannten Schrift »Märchen, Mythen, Träume – Eine Einführung in das Verständnis einer vergessenen Sprache« plädierte der Sozialphilosoph und Psychologe Erich Fromm (vor rund 40 Jahren schon) für eine verstärkte Beschäftigung mit denselben und mit verwandten Symbolsprachen wie sie nun Thema des vorliegenden Buches sind. »Für jeden, der mit sich selbst in Berührung kommen möchte, ist es wichtig, diese Symbolsprache verstehen zu können.« So urteilte Fromm, der zu den Mitbegründern der berühmten »Frankfurter Schule« zählte. Er erklärte weiter: »Ich halte (...) die Symbolsprache für die einzige Fremdsprache, die jeder von uns lernen sollte. Wenn wir sie verstehen, kommen wir mit dem Mythos in Berührung, der eine der bedeutsamsten Quellen der Weisheit ist, wir lernen die tieferen Schichten unserer eigenen Persönlichkeit kennen«. Und: Deshalb sollte an Schulen und Bildungsstätten »ebenso wie der Unterricht in anderen ›Fremdsprachen‹, so auch der Unterricht in der Symbolsprache in den Lehrplan aufgenommen werden.«

Heute ist die Beschäftigung mit Märchen, Mythen und Träumen (zu der wir ohne weiteres das Tarot und die Astrologie als bestimmte Ausprägungen des Mythos hinzusetzen dürfen) ein Thema für Millionen. Das unterscheidet die aktuelle Situation von der der 1950er Jahre, als E. Fromm jene Worte schrieb.

Wir sprechen heute weniger von *der* Symbolsprache, wie Erich Fromm es tat, sondern von *den* Symbolsprachen. Die Auffassung, es gebe eine einzige symbolische Ursprache der gesamten Menschheit, ist hinter die Annahme vieler Ursprungsansätze zurückgetreten. Das betrifft auch die Bedeutung der *Archetypen*, der Urbilder und der Wurzeln des Seelenlebens. Wir wissen heute, daß es Archetypen gibt, die das seelische Befinden großer Kollektive und ganzer Kulturen prägen. Vielen Ur- und Leitbildern der abendländischen Tradition begegnen wir z. B. im Tarot und in der Astrologie. Zusätzlich ist heute aber auch bekannt, daß »Archetyp« (im Wortsinne von Urbild, Erstprägung und Prägestock) eine Metapher, eine Umschreibung, für den einmaligen Charakter eines jeden Individuums darstellt: In der Verwirklichung unserer persönlichen Individualität schaffen wir – auf je eigene Weise – selber auch Gestalten und Formen, die ohne Vorbild sind und die neue Bilder, neue »Ur-Sachen« in die Welt setzen.

Wege zur Selbst-Erfahrung

Seit Ende der 1960er Jahre kennen alle (westlichen) Gesellschaften ein verstärktes, populäres Bedürfnis nach Selbsterfahrung. So als wollten wir nicht etwa nur in einem Urlaub neue Einsichten in uns selbst gewinnen, sondern auch täglich und alltäglich. Das neue, massenhafte Interesse an Selbsterfahrung hat zunächst (seit den 1970er Jahren) einen beispiellosen Psychologieboom hervorgebracht, dann (in den 1980er Jahren) zusätzlich einen Schub in Sachen Esoterik und Grenzwissenschaften, welcher sowohl ein Zerfallsprodukt wie auch eine sinnvolle Weiterentwicklung der Selbsterfahrung darstellen kann.

All dies ist neu, vielfach schillernd und offen in seinen schließlichen Konsequenzen. So ist es kein Wunder, wenn der Aufwand, der also neuerdings um die Selbsterfahrung getrieben wird, teilweise auf Unverständnis stößt oder wenn gerade der (veränderte) Blick auf Alltägliches manchem Kritiker als banal und als Anlaß zum Spott erscheint.

»Kaum eine Lebensäußerung ist dabei alltäglich, gewöhnlich und marginal genug, um dem quasi-therapeutischen Zugriff zu entgehen. Früher hat man vielleicht bisweilen gemalt, getanzt, Musik gemacht oder gekocht, heute macht man eine Mal/Tanz/Musik- oder Kochtherapie. ... (Eine) gnadenlose Okkupation des Banalen..., folglich findet der Interessierte Seelenworkshops fürs Luftholen (Bewußt atmen), fürs Gucken (Frei blicken) und, als Krönung, fürs aufrechte Gehen und Stehen (Wie widerstehe ich der Schwerkraft?)«, soweit die Kommentatorin einer Alternativzeitschrift. Noch der Spott drückt jedoch die Sehnsucht nach einem anderen Alltag aus: »Früher hat man…« Ja, früher schien manches selbstverständlicher. Und der Wunsch, daß es »wieder« einfach und selbstverständlich sein möge, ist berechtigt und mehr noch: Dieser Wunsch ist der Motor dafür, daß man nicht das ganze und auch nicht das halbe Leben in Therapien oder nur auf der Suche verbringt. Solange das alte Selbstverständnis nicht mehr trägt und ein neues noch nicht vorhanden ist, das ja nur daraus entsteht, daß man sich in der Welt *selbst versteht*, solange aber ist eine Übergangssituation gegeben, in der gerade das Alltägliche neu eingeübt wird.

Zu diesem Weg in einen »anderen Alltag« mit einem erweiterten persönlichen Selbstverständnis bekennt sich das vorliegende Buch. Die behandelten Symbolsprachen bieten Inhalte und Methoden an, welche den Weg der Selbsterfahrung bereichern und beflügeln.

Mit der **Astrologie** achten und beachten wir im besonderen die »Qualität der Zeit«, in der wir einen Schlüssel zum Verständnis der Einmaligkeit, d. h. der Vergänglichkeit und der Ewigkeit eines Augenblickes und eines Lebensschicksals finden können. Indem die Astrologie (in Form von Elementen, Tierkreiszeichen und »Planeten« u. a.) an einer Typenbildung von Charakteren und Verhaltensweisen arbeitet, leistet, sie einen unvergleichlichen Beitrag zu einer »Grammatik des Unbewußten«.

Das **Tarot-Kartenlegen** ist ein wirkungsvoller Spiel- und Trainingsplatz, auf dem es in mehrfacher Hinsicht möglich ist, dem Alltag in die Karten zu schauen. Die Qualität der Zeit nimmt – über die Arbeit mit dem »Zufall« beim Kartenlegen – ebenfalls eine große Rolle ein. Hinzu kommen die Begegnungen mit kulturellen Leitbildern, mit individuellen Sehgewohnheiten und mit dem Selbstbild einer Person. Das Tarot-Kartenlegen ist ganz wesentlich eine Kunst des Augenblicks, wobei »Augenblick« sowohl das Schauen sowie den Zeitmoment meint.

Während die Astrologie die seelische Begriffsbildung und das Tarot die seelische Wahrnehmung der Außenwelt in den Mittelpunkt der Aufmerksamkeit rücken, betont die **Traumdeutung** die bewußte oder ausdrückliche Wahrnehmung der Innenwelt. Das Verständnis für den »Augenblick« besitzt auch hier seine besondere Bedeutung. Träumen stellt eine Art geistigen Schauens dar. Und in der praktischen Traumdeutung hängt viel von der Assoziationskraft ab, d. h. vom geistigen Fassungsvermögen für die Impulse des Moments erfordert.

Märchen wurden bis ins frühe 19. Jahrhundert weitaus häufiger für Erwachsene als für Kinder erzählt. Sie waren Teil einer Volkstradition, die bis dahin als nicht druckfähig galt und die im Sinne der Schrift- und Kulturwelt sprachlos war. Die klassischen Märchen zeugen von der Herausbildung einer Volksmythologie, mit der sich die »kleinen Leute« u. a. gegen ihre offizielle Sprachlosigkeit behaupteten. Diese Zusammenhänge sind nicht allein von geschichtlichem Interesse. Auch in der individuellen Entwicklung eines heutigen Menschen gibt es immer wieder »sprachlose« Zeiten und die Notwendigkeit, eine persönliche Vision und einen privaten Mythos zu behaupten. Märchen aktualisieren die Betroffenheit und können die erforderlichen Kräfte des Vertrauens und der Begeisterung für den persönlichen Weg stärken.

Wie der mündliche und der schriftliche Ausdruck, wie die Körpersprache, so besitzen auch die speziellen Symbolsprachen Tarot, Astrologie, Traum- und Märchendeutung ihren Wortschatz und ihre Grammatik. Darin möchte das vorliegende Buch Einblicke gewähren. Es möchte deutlich machen, wieviel Vergnügen, Spannung und Nutzen aus ihnen zu ziehen sind. Zusätzlich vermittelt es Anregungen und »Handwerkszeug« für eine weitergehende, selbständige Beschäftigung.

Hafen des Lebens

Die Waage in astrologischer Beschreibung

Leitfragen für die Waage in der Astrologie:

- Welche Ziele verfolge ich in Partnerschaft, Familie und weiteren Gruppen?
- Was möchte ich mit diesen Anderen noch neu beginnen?
- Welche Vorstellung habe ich davon, zu welchem Ende hin wir unseren (gemeinsamen) Lebensbogen spannen können?

Was wiegt im Leben?

Mit der Waage beginnt der Herbst und die zweite Hälfte des astrologischen Jahreskreises. Es ist die Zeit der Erntedankfeste und eine Phase der Sammlung, die zum Start in eine neue Klarheit führen kann.

Die Waage ist das kardinale (beginnende) Luft-Zeichen. Sie wird von der Venus regiert, und Saturn findet hier seine erhöhte Stellung. Venus steht für die Schönheit des Lebens, für die Harmonie von Geist und Körper. Sie betrifft in der Waage besonders auch den Bereich der Partnerschaft. Saturn wirkt wie ein weiser Alter, der eine/n dazu bringt, ehrlich zu sein. Er hemmt und macht Schwierigkeiten, wenn man sich von der eigenen Mitte entfernt. Doch er unterstützt mit großer Umsicht, soweit man/frau aus dem Wesen heraus handelt.

Wie der Widder in Beziehung zum Aszendenten des persönlichen Horoskopes steht, so die Waage zum *Deszendenten*. Dieser darf in seinem Stellenwert nicht geringer eingeschätzt werden als der jener. Der Deszendent bedeutet soviel wie der Hafen des Lebens und die persönliche *Bestimmung* des Lebensweges. Die astrologische Definition der Waage lautet: »Ich gleiche aus«.

Ein »entscheidendes« Waage-Symbol ist die *Justitia*, die »Gerechtigkeit«, mit Waage und Schwert in den Händen, manchmal mit Augenbinde dargestellt. Sie handelt auf einer konkreten Ebene von allen möglichen Rechtsfragen – von den manchmal anstrengenden und dann auch wieder lächelnd-leichten Erfahrungen im Bemühen, »es« richtig zu machen, zu seinem persönlichen Recht zu kommen oder Rechtsverletzungen aufzuheben. Zu beachten sind dabei Waage *und* Schwert. Die Waage weist auf eine Ermittlungstätigkeit hin. Die Waage in uns erfordert und ermöglicht es, jeweils auch »die andere Seite« zu sehen und – wenn es sein muß – auch einmal gegen sich selbst zu ermitteln. Das Schwert dient der Vollstreckung der eigenen Urteile.

Urteilen und ermitteln sind die besonderen Begabungen des Typus Waage. Sie führen zu einer klaren Entschiedenheit und zu einer weitreichenden Fantasie (Vorstellungskraft), die in allen möglichen Dingen des Lebens nach Entsprechungen, Gegenüberstellungen und Vergleichen sucht.

Interessanterweise fällt es dem auf Ausgleich bedachten Waage-Typus zunächst recht schwer, Klarheit und Entschiedenheit auf der einen Seite sowie Fantasie und Imaginationskraft auf der anderen Seite in ein ausgewogenes Verhältnis zu bringen. Denn damit die Waage stimmt, ist es nötig, den richtigen Dreh- und Angelpunkt zu finden. Das ist – unter dem Einfluß des Saturn – eine langwierige Aufgabe, deren Lösung sich jedoch umso nachhaltiger auswirkt.

Sich selbst zur Aufgabe

Die richtigen Aufgaben und geeignete Lösungswege herauszufinden, erscheint denn auch für den Waage-Typ in jeder Beziehung dringender, als sich nach vorgefertigten Definitionen zu richten. Wenn wir das Tierkreiszeichen Waage selbst als Beispiel nehmen, so zeigt sich, daß reichlich Definitionen über eine »typische« Waage in Umlauf sind, die unbefriedigend, zu speziell oder zu einseitig bleiben und die nach einer übergreifenden Deutung verlangen.

Mal gilt die typische Waage als Inbegriff der Liebenswürdigkeit und des Charmes, dann aber auch als Ausbund von Härte, ja von verletzender Strenge oder Gleichgültigkeit. Sie wird als ästhetisch, taktvoll, diplomatisch und harmonisch beschrieben, jedoch ebenso als selbstgerecht, geltungssüchtig, anmaßend und wenig wählerisch in der Verfolgung ihrer Ziele. Waage-Frauen wie -Männer können demnach gute Strateginnen und Strategen sein, welche eigene und andere, sogar gegnerische und feindliche Energien zu lenken und zu nutzen verstehen. Andererseits vermögen sie genauso leicht sich in ihren Methoden und Modellen zu verzetteln, ja die Umsetzung ihrer Gedankenspiele in der eigenen Lebenspraxis zu verpassen oder zu vermeiden.

Sie selbst zur Aufgabe zu machen, sich selbst wie ein Rätsel, ein Krimi oder ein Code-Buch aufzufassen, welches bearbeitet und erschlossen werden will, wird daher dem Waage-Typus am besten gerecht. Die unterschiedlichen Aspekte einer Persönlichkeit sollen sich wie in einem Puzzle zu einem Gesamtbild zusammenfügen. – Dies gilt auch für die folgenden Aussagen über die Waage in der Astrologie.

Die »andere« Wirklichkeit der Astrologie

Im Horoskop drehen sich die Sterne noch um die Erde, und auch Sonne und Mond gelten astrologisch als Planeten. Scheinbar ist innerhalb der Astrologie die Zeit stehengeblieben. Das geozentrische Weltbild scheint noch gültig und trotzt, so möchte man meinen, dem Galilei'schen »Und sie bewegt sich doch!«, das vor fast einem halben Jahrtausend ausgesprochen wurde. Wie vor zweitausend Jahren liegt der Frühlingspunkt in der Astrologie auch heute an der Spitze des Zeichens Widder. Tatsächlich aber steht die Sonne zum Frühlingsanfang heute nicht im Widder (doch auch nicht im Wassermann, wie vielfach schon behauptet wird), sondern im Zeichen der Fische.

Wenn die Astrologie bestimmte Charakter- und Verhaltensmerkmale dadurch kennzeichnet, daß sie sie mit einer Waage oder zum Beispiel mit einem Stier vergleicht, dann macht sie nichts anderes, als die Nachtträume auch, in denen vertraute Personen durchaus in Gestalt von Tieren oder Gegenständen auftreten können. Der Sozialpsychologe E. Fromm erläutert die Logik der Nachtträume, welche sinngemäß auch für die Logik der Astrologie gilt, folgendermaßen:

»Während des Schlafs weist die seelische Tätigkeit eine andere Logik auf als im wachen Dasein. Im Schlaf brauche ich mich nicht um Dinge zu kümmern, die nur im Umgang mit der Wirklichkeit von Bedeutung sind. Wenn ich zum Beispiel von einem Menschen das Gefühl habe, daß er ein Feigling ist, dann kann ich von ihm träumen, er habe sich aus einem Menschen in ein Huhn verwandelt. Diese Verwandlung ist in bezug auf mein Gefühl gegenüber dieser Person sinnvoll, unsinnig ist sie nur in bezug auf meine Orientierung zur Außenwelt (in bezug darauf, was ich *realistisch* mit dem Betreffenden tun könnte). Dem Schlaferlebnis fehlt nicht die Logik, aber es handelt sich um andere logische Gesetze, die jedoch in diesem Erlebniszustand völlig gültig sind.«

Auf die hier geschilderte Weise ist es sinnvoll und ergiebig, z. B. von einem waage- oder fischhaften Menschen und von löwischen oder waage-gemäßen Verhaltenszügen bei einem Menschen zu sprechen, wenn dies der gefühlten, seelischen Realität gerecht wird. Auf die gleiche Weise drückt übrigens auch das »geozentrische Weltbild«, die Erde im Mittelpunkt des Horoskops, eine seelische Wirklichkeitserfahrung aus, die nicht unlogisch ist: Die Erde als Bezugspunkt der astrologischen Planeten entspricht gefühlsmäßig dem Erleben einer persönlichen Existenz, welche eben hier auf dieser Erde ihr Zentrum und am Himmel ihre Orientierungspunkte besitzt.

Wie der Schlafzustand in seinen Träumen, so bringt auch die Astrologie eine »andere« Wirklichkeit zur Geltung. Das Traumgesicht, das einen bestimmten Menschen als Huhn sieht, verträgt sich durchaus mit dem Wachbewußtsein, welches denselben Menschen in seiner gewohnten Gestalt wahrnimmt. Und ebenso vereinbart sich die astrologische mit der astronomischen Realität. Sie geben verschiedene Welten an, die sich jedoch ergänzen und bestärken können wie Tag und Traum. Auf eine Formel gebracht: Tags kreist die Erde um die Sonne und nachts der Mond um die Erde. Jeder Mensch dreht sich als Teil der Erde um die Sonne, und in dem Punkt, wo der oder die Einzelne wirklich individuell ist, bewegt sich auch ein Kosmos um sie oder ihn.

Tag und Traum, Sonne und Mond, bekannte und unbekannte Realitäten ergänzen und bereichern sich gegenseitig, eben weil sie unterschiedliche Wahrheiten zur Geltung bringen. Wenn wir die Widersprüche zwischen Tag und Traum produktiv nutzen, entstehen Pole, zwischen denen ein Strom fließt – ein Spannungsverhältnis, in dem ein neuer, erweiterter Begriff der eigenen Persönlichkeit wachsen kann. Dieses produktive Verständnis von Widersprüchen ist eine *wesentliche* Aufgabe des Waage-Typus. Denn der Strom, die Energie *zwischen* den Polaritäten ist nichts als ein anderer Ausdruck für – die Waage.

Im Haus der Venus

Venus ist die »Herrscherin« der Waage. Sie symbolisiert die Macht der Liebe und der Schönheit. Venus ist die altrömische Darstellung der griechischen Aphrodite. Die Bedeutungen von Venus und Aphrodite stimmen, nach allgemeinem Urteil, miteinander überein. Beide sind identische Patinnen der astrologischen Venus. Von Aphrodite berichten die Erzählungen, sie habe einen magischen Liebesgürtel besessen, dessen Reiz und Verlockung sie unwiderstehlich machten.

Aphrodite führt ein reiches, weitläufiges Liebesleben. Hermes, Dionysos und viele andere teilen mit ihr das Lager. Aphrodite gebiert zahlreiche Kinder, u.a. Rhodos, Priapos und Äneas. Meist geht es der griechischen Mythenerzählung dabei um eine personifizierende, ausschmückende Erklärung von Naturabläufen. Zum Beispiel streitet sich Aphrodite mit Persephone, der Göttin der Unterwelt (der inneren Kraft, der Wachstumsenergie der Erde) um den Jüngling Adonis. Ein Gericht entscheidet, daß für den Adonis das Jahr in drei gleiche Teile geteilt wird, wovon er den einen mit Persephone, den anderen mit Aphrodite und den dritten allein verbringen solle. Diese Lösung des Streitfalls stellt zugleich eine fantasievolle Erklärung für die Entstehung der drei Jahreszeiten dar, welche das Altertum kannte. – Für uns heute auch ein Gleichnis für die Fähigkeit der Venus im Zeichen der Waage, Streitfälle zu schlichten und scheinbar Unvereinbares auf einen Nenner zu bringen.

Für heutige symbolische Zusammenhänge ist interessant, daß Aphrodite mit Hephaistos, dem Schmiedegott, verheiratet ist. Mit ihm hat sie drei Kinder, u.a. eines mit dem Namen Harmonia (»Harmonie«). Vater dieser Kinder aber ist Ares, das ist lateinisch Mars, der Kriegs- und Frühlingsgott. Der antike Mythos stellt also heraus, daß *Harmonie* eine Folge der Vereinigung von Venus und Mars ist. – Die Himmelsschmiede des Hephaistos ist viel später, von den Alchemisten des ausgehenden Mittelalters, als ein Symbol der Wandlung und Verwandlung aufgegriffen worden. Aphrodite, die Kraft der Liebe und der Schönheit, steht damit aus heu-

Astrologische Definitionen
der Tierkreiszeichen

Widder:	Ich bin.
Stier:	Ich habe.
Zwillinge:	Ich denke.
Krebs:	Ich fühle.
Löwe:	Ich will.
Jungfrau:	Ich analysiere.
Waage:	*Ich gleiche aus.*
Skorpion:	Ich begehre.
Schütze:	Ich sehe.
Steinbock:	Ich nutze.
Wassermann:	Ich weiß.
Fische:	Ich glaube.

tiger Sicht mit der Macht der Umformung und Neugestaltung in Verbindung.

Aphrodite heißt wörtlich »die Schaumgeborene«. Sie erhob sich nackt aus dem Schaum des Meeres, so erzählt der Mythos, und ritt auf einer Muschelschale ans Ufer. Diese Geschichte stellt u. a. eine Neufassung der Schöpfungsgeschichte dar, wie sie die Pelasger, Ureinwohner in Teilen Griechenlands, erzählt haben. In allem Anfang war, so sagten die Pelasger, Eurynome, die Göttin aller Dinge; sie erhob sich nackt aus dem Chaos. Die Geburt der Aphrodite aus dem Meerschaum stellt u. a. eine Wiederholung der Geburt der Urgöttin dar.

Indem sie im Meer baden geht, kann Aphrodite auch später ihre Unschuld erneuern. *Aphrodite/Venus bedeutet eine Wiedergeburt der Erde.* Auf diesen Gesichtspunkt, der für das Tierkreiszeichen Waage insgesamt von großer Bedeutung ist, werden wir noch zurückkommen.

Diese erneuernde und umgestaltende Macht der Venus/Aphrodite stellt sich auch in ihrem Symbol dar:

Venus/Aphrodite
weibliches Geschlecht

Dieses Venuszeichen ist zugleich auch das Frauenzeichen. Der Kreis bedeutet nach astrologischer Überlieferung »Geist« und das Kreuz »Körper« und »Materie«. Das Venuszeichen drückt in sich die Vereinigung von Geist und Körper bzw. von Geist und Materie aus. Anders gesagt, symbolisiert die Venus die Verbindung von Sinnen und Sinn. Das äußert sich auch darin, daß sie sowohl im erdigen Stier wie in der luftigen (=geistigen) Waage »regiert«.

Damit lüftet sich das Geheimnis des magischen Gürtels der Aphrodite. Der Gürtel zeigt an, wo die Zauberkraft der Liebe und der Schönheit ihren Platz hat: Im Unterleib, in den Hüften und im Bauch. Das ist nicht allein unmittelbar-sexuell zu verstehen. Die Gürtellinie gilt als körperlicher Ausdruck der Verbindung von Bewußtem und Ungewußtem. Der Gürtel der Aphrodite markiert die Nahtstelle von unbewußten Trieben und

Bedürfnissen und bewußten Haltungen und Einstellungen. Daß beide Seiten zusammenkommen, macht die Liebe der Venus/Aphrodite so schön, gibt der Sexualität und den anderen Genüssen des Körpers und des Geistes ihre zugleich harmonisierende wie verwandelnde Kraft. Lebenskunst, Anziehungskraft, Lust und Last der Venus äußern sich darin, daß die Sinne und der Sinn sich berühren. Sinnlichkeit und Sinnhaftigkeit treffen zusammen, so daß die Sinne als sinnvoll verstanden und der Sinn als spürbare Erfahrung erlebt werden wollen.

Nur unsinnige Vorstellungen und sinnlose Empfindungen verwandeln die Venus in eine böse Zauberin, eine neidische Göttin oder einen Racheengel. Denn Wissen ohne Liebe bleibt unfruchtbar; Liebe ohne Erkenntnis aber wirkt auf die Dauer zerstörerisch. Sie vermag nicht zu filtern, nicht zu unterscheiden und geht buchstäblich an die Nieren.

Die körperliche Entgiftung, Filterung und Ausscheidung – besonders durch *Nieren und Blase* – werden üblicherweise dem Tierkreiszeichen Waage zugeordnet; des weiteren die »Aufrichtigkeit«, d. h. körperlich die gerade Haltung. Der Venus werden als Zeichen der angesprochenen Fruchtbarkeit insbesondere auch die *Eierstöcke* der Frau zugerechnet (v. a. Venus als Regentin des Stiers). Unter dem Einfluß von Saturn gelten im übrigen die *Haare* und die *Haut* als Kennzeichen der Tierkreiszeichen Waage sowie Steinbock.

Gipfelpunkt Saturn

Saturn steht in der Waage im Zeichen seiner Erhöhung, hier ist er besonders mächtig. Der Planet Saturn wurde nach dem römischen Gott der Aussaat und der Fruchtbarkeit benannt. Ihm zu Ehren feierten die Römer während der späten Kaiserzeit die Saturnalien. Wenn die Wintersaat im Boden war, nach dem 17. Dezember, wurden in den Häusern der Großgrundbesitzer üppige Gastmahle veranstaltet, die zum Teil Formen eines altrömischen »Karnevals« annahmen und bei denen die Herren ihre Sklaven ausnahmsweise einmal bedienten – ein kurzer Lichtblick im trüben Leben der Feldsklaven.

Saturn entspricht darüber hinaus in etwa dem altgriechischen Kronos, der einen der titanischen Urväter des griechischen Götterhimmels darstellt. Daher bedeutet Saturn bzw. Kronos in der Mythologie auch die Vorstellung eines »Goldenen Zeitalters«, eine Erinnerung an eine goldene Ur-Situation.

Bedeutungswandel des Saturns

In der astrologischen Bedeutungsgeschichte vertritt Saturn zunächst die Kraft der Erde und gilt als eine weibliche Energie. Später wird er männlich definiert – vorzugsweise als alter Mann, als melancholischer Einzelgänger oder als einsamer Griesgram – ganz so, wie etliche Fabeln auch den »Mann im Mond« beschreiben. Oft überwiegen dabei Kälte, Unwirtlichkeit und Härte. »Unfreundliches Gestirn«, heißt es zum Beispiel in einem Astrologiebuch von 1816 über den Saturn,

»das Übel, das er anrichtet, entsteht langsam, dauert lange« (nach Udo Becker).

Bis in die Gegenwart hinein stehen weniger erfreuliche Kennzeichnungen des Saturns im Vordergrund: Hemmungen, Verzögerungen, Schwierigkeiten, Vorbehalte, Hindernisse. Hermann Meyer schreibt 1981: »Saturn symbolisiert das Urtrauma, den Urschmerz, die psychische Wunde.« Zugleich hält er aber auch fest, Saturn bedeute »Recht, Gesetz, Verantwortung, Bewußtsein, Ordnung« und stelle eine/n jede/n vor die Frage: »Wo soll ich lernen, meine Rechte zu entdecken und durchzusetzen?«

In diesem letzteren kommt ein eher ausgewogenes Verständnis zum Ausdruck, in welchem negative und positive Züge des Saturn Platz erhalten. An dieser neueren Auffassung haben namentlich die Schriften von Liz Green und die Darlegungen von C.G. Jung (über die Rolle des »Alten Weisen« im Prozeß der Selbstwerdung) mitgewirkt.

Dieser Bedeutungswandel des Saturns in der Astrologie ist äußerst bemerkenswert. Saturn, im esoterischen Sprachgebrauch »der Hüter der Schwelle« genannt, ist damit auch als *Freund und Helfer* (als Freundin und Helferin) erkannt worden. Diese neuere Auffassung des Saturns wird dank ihrer größeren Ausgewogenheit den Bedürfnissen des Tierkreiszeichens Waage umso besser gerecht.

Welche (veränderten) Erfahrungen liegen diesem Bedeutungswandel zugrunde? Saturn als *die Kraft der Erde* bezeichnet die Macht der Natur, der elementaren Gegebenheiten des Lebens, der Grundbedürfnisse, der körperlichen Empfindungen, der Instinkte usw. Die *menschliche* Natur ist zugleich geprägt durch die gesamte bisherige Geschichte der Menschheitsentwicklung. Alle Stärken und Schwächen unserer Vorfahren treten im Zeichen des Saturns in verdichteter Form zusammen. Saturn bedeutet daher die Macht des Bestehenden und das Gewicht der »Fakten«; er betont insgesamt die (überlieferte) Wahrheit der anderen – das Recht, die Berechtigung des Anderen schlechthin.

Daher wird verständlich, weshalb dem Saturn, etwa im 19. Jahrhundert – der Blütezeit der klassischen Esoterik, eine mißgünstige Bedeutung zugesprochen wurde: Das Individuum war zu der Zeit noch eine historische Neuheit. Individuelle Freiheit wurde vor allem in der *Freiheit von* Notwendigkeiten und Zwängen gesucht, und dem stand der Saturn bzw. das, was er symbolisiert, geradewegs entgegen.

Auch heute noch *kann* Saturn die Macht des Bestehenden so zur Geltung bringen, daß man/frau sich förmlich eingeschlossen und wie umzingelt, an bestimmte *Altlasten* wie gefesselt fühlt. Daraus leitet sich bei Astrologen der Gegenwart, wie dem zitierten H. Meyer, die Charakterisierung des Saturns als »Urtrauma« ab, und die Frage nach den eigenen Rechten ergibt sich als logische Konsequenz, um gegenüber dem Recht des Anderen das Eigene zu behaupten. –

Je mehr aber das Individuum zu einer allgemeinen Tatsache wird, je mehr wir in einer »Massengesellschaft von Individuen« (Alexander Mitscherlich) leben, desto stärker tritt Saturn, die Macht des Bestehenden, *auch* als eine nützliche, ja notwendige Bedingung der Selbstwerdung und der persönlichen Selbstverständigung hervor. Die bestehenden Notwendigkeiten und ererbten Gegebenheiten des Daseins wirken nunmehr nicht nur als Beschränkung, vielmehr auch als *Erbe und*

Auftrag. Die *Bedeutung der eigenen Person in der Welt* – der Unterschied, welchen das persönliche Dasein in der Welt begründet –, läßt sich nur beurteilen, wenn wir sowohl unser Einzelnes, das Individuelle wie auch das Andere verstehen.

Der Hüter des Eigenen

Das Eigene, das vielzitierte »Eigentliche«, *unterscheidet* sich vom spontanen Eigensinn, von der bloßen Eigenheit dadurch, daß erst durch die Konfrontation mit dem Anderen (in sich selbst, bei anderen Menschen) sich herauskristallisiert, was wirklich individuelle Eigenart ist und was nicht. Viele persönliche Angewohnheiten haben wir von anderen übernommen; ob sie auch geeignet, dem Eigenen entsprechend und dienlich sind, muß sich jeweils erst zeigen. Andererseits projizieren wir auch sehr persönliche Ansichten durchaus ganz auf andere und müssen dieses in der Ferne geparkte Eigene erst allmählich ablösen und heimholen. Die Waage in uns ist an diesen Klärungen besonders beteiligt. Für Urteils- und Entscheidungskraft ist sie im Tierkreis zuständig. Und daher erklärt sich letztlich, warum Saturn, dieser Hüter des Eigenen und Wesentlichen, in der Waage erhöht ist.

Kurz: Je selbstverständlicher die Freiheit des einzelnen, desto dringender die Frage: Wie soll diese Freiheit eigentlich genutzt werden? Freiheit *wozu*? Aus heutiger Sicht läßt sich Saturn als persönliche Lebensbestimmung, als prägende Mitgift und buchstäblich als *Aussteuer* verstehen. In der Macht des Bestehenden, in der Kraft der Pflichten und Notwendigkeiten sind nicht nur die ererbten Beschädigungen, Verletzungen und Unerlöstheiten enthalten, sondern auch die ererbten Hoffnungen und Wünsche, die bisherigen Glücks- und Erfolgserfahrungen, die neuen Möglichkeiten und die noch ungenutzten Chancen der Lebensgestaltung. Die ererbten Prägungen stellen geradewegs auch die *persönlichen Talente* dar. Sie sind unsere Begabung. Wir müssen »nur« zu unterscheiden wissen, welche Prägungen überholt und aufzubrechen sind und welche einem fruchtbaren Erbe, einer richtungsweisenden Zukunftsaufgabe gleichkommen. In dieser Unterscheidung besteht und entwickelt sich das Eigene: Die Verbindung des Einzelnen und Individuellen mit dem Anderen und Allgemeingültigen. – Die Ausarbeitung des Eigenen liefert die Erklärung für die heute gebräuchlichen Verhaltensbeschreibungen des Saturns in der Astrologie, wo es heißt: Er bremst und blockiert bis zum »Geht-nicht-mehr«, solange eine Vorgehensweise nicht dem Wesen, dem Willen einer Person wirklich entspricht. Und er ist die beste Unterstützung und eine Bestätigung über alle Zweifel hinaus, sobald eine Person ihren »richtigen« Weg gefunden hat.

Die Luft hat »es« in sich

Waage, Wassermann und Zwillinge sind die drei Luftzeichen der Astrologie. »Luft« ist hier ein symbolischer Ausdruck für den Atem, für den »Geist«, für die spezielle Atmosphäre der Erdkugel, die als Besonderheit den homo sapiens hervorgebracht hat und noch weiterhin entwickelt. Dabei vertritt die Waage besonders die Vorstellungskraft, der Zwillinge-Typus besonders das

Denken und der Wassermann besonders das Wissen – drei verschiedene Aspekte der geistigen Existenz- und Erlebnisweise.

Zum Verständnis der vier Elemente trägt die Kenntnis des Einzelelements wie des Zusammenspiels aller vier Elemente bei (s. dazu den Kasten auf S. 38/39).

Innerhalb eines jeden Elements gibt es drei unterschiedliche »Wirkungsgrade«:

- *Ein kardinales oder beginnendes Zeichen.*
  Hier geht es um die Anfangsgründe und -schwierigkeiten der Qualitäten des betreffenden Elements. Wie in einem Keim ist hier alles enthalten, das heißt besonders dicht und direkt, zum Teil sehr feingliedrig, zum Teil wenig differenziert. Hier werden Grundsätze und Leitmotive ausgebildet. – *Im Element Luft ist dies die Waage.*

- *Ein mittleres oder festes, festigendes Zeichen.*
  Das sogenannte »fixe« Zeichen betrifft die Mitte, die Verbindungslinien und die Zusammenhänge der Qualitäten des betreffenden Elements. Wie in einem blühenden Gewächs ist hier alles enthalten. Die Anlagen und Entwicklungslinien sind sichtbar, ausgewachsen, wenn auch noch nicht unbedingt ausgereift. Hier werden Muster und Komplexe ausgebildet. – *Dieses Zeichen ist im Bereich Luft der »Wassermann«.*

- *Ein schließendes, veränderliches oder schlußfolgerndes Zeichen.*
  Dabei geht es um die Konsequenzen, die Extreme und die Zuspitzung der Qualitäten des betreffenden Elements. Wie in einer reifen Frucht ist hier alles ent-

Die vier Elemente

Feuer

bedeutet Lebensfeuer, Lebensenergie, Begeisterung und Lebendigkeit. In der Natur sind es vor allem die Sonne, Feuer aller Art und Blitze, die in ihren verschiedenen Erscheinungs- und Wirkungsformen die Kraft des Elements Feuer zur Geltung bringen. Im menschlichen Verhalten verleihen besonders die *Daseinsfreude*, der *Wille* und die *Intuition* der Feuerkraft Ausdruck.

Weitere Merkmale des Elements Feuer: Lebenslust und Selbstbehauptung, Zeugungs-, Schaffens- und Gestaltungskraft, Einsatzbereitschaft und Macht, Durchsetzungsvermögen. Charakteristisch für das Element Feuer sind Entschlüsse und Taten. Schwierige Situationen (»Feuerproben«) werden gemeistert, indem man etwas tut: »*Es muß etwas geschehen.*«

Zum Element Feuer gehören die Tierkreiszeichen Widder, Löwe und Schütze.

Wasser

bedeutet Lebenselixier, Lebensfülle, Seele und Seligkeiten. In der Natur bringen der Mond sowie Gewässer jeder Art die Kraft des Elements Wasser zum Ausdruck. Im menschlichen Verhalten sind es vor allem das *Gefühlsleben* und die *persönlichen Bedürfnisse* und *Leidenschaften*.

Weitere Merkmale des Elements Wasser sind Mitgefühl, Eingebung, Träume, Stimmungen und das Unbewußte. Charakteristisch für das Element Wasser sind Offenheit und Hingabe. Schwierige Situationen (»sich freischwimmen müssen«) werden gemeistert, indem man die Gefühle prüft: »*Auf die richtige Einstellung kommt es an.*«

Zum Element Wasser gehören die Tierkreiszeichen Krebs, Skorpion und Fische.

Luft

bedeutet menschliche Atmosphäre, Lebensgeister, geistige Energie und Gedankenwelt. In der Natur sind es der Luftraum und die Erdatmosphäre und im übrigen die Sterne (die durch die irdischen Luftschichten erst für uns funkeln), die die Kraft des Elements Luft in seinen verschiedenen Formen zur Geltung bringen. Im menschlichen Verhalten sind es besonders *Denken*, *Wissen* und *Vorstellungskraft*, Bewußtheit und Intelligenz, die dem Element Luft entsprechen.

Weitere Merkmale des Elements Luft: Geistesgegenwart und Gedankenkraft, Begriffe, Werte, Beurteilungen, ästhetische Maßstäbe und Mitteilungskünste. Charakteristisch für das Element Luft: Erkenntnisse und Entscheidungen. Schwierige Situationen (»harte Nüsse«) werden gemeistert, indem man die erforderlichen Lernprozesse bewältigt: *»Jetzt ist es klar.«*

Zum Element Luft gehören die Tierkreiszeichen Waage, Wassermann und Zwillinge.

Erde

bedeutet Materie, Stoff, körperliches Leben und Lebenszyklen, insgesamt die materiellen Lebensverhältnisse. In der Natur ist selbstredend die Erde, auf der und von der wir alle leben, Inbegriff der Erdkräfte. Gemeint ist dabei sowohl die Erdkugel als Ganzes wie auch die Erde im Sinne von »Muttererde«, Sand, Stein usw. Im menschlichen Verhalten drücken sich die Kräfte des Elements Erde vor allem in *körperlichen Empfindungen* und *Wahrnehmungen* aus.

Weitere Merkmale des Elements Erde: *Praktische Fähigkeiten, angewandte Talente, genutzte Chancen.* Lebensunterhalt, Lebenserhaltung, Betroffenheit, Fruchtbarkeit, Wachstumskräfte und Natürlichkeit. Charakteristisch für das Element Erde sind Produkte – Ergebnisse, Fakten und Definitionen. Schwierige Situationen (»Belastungstests«) werden gemeistert, indem man für etwas eine feste Form schafft: *»So kann es bleiben; so ist es nun einmal.«*

Zum Element Erde gehören die Tierkreiszeichen Stier, Jungfrau und Steinbock.

halten. Stärken und Schwächen des Elements sind hier am deutlichsten zu unterscheiden, gehen hier jedoch auch am ehesten einen unnötigen Kompromiß ein. Hier werden Horizonte und Glaubenssätze ausgebildet. – *Die Zwillinge sind das variable Luftzeichen.*

Innerhalb des Luftraumes oder Luftbereiches ist die Waage tendenziell der Pionier, der Testpilot oder der Versuchsballon. Der Wassermann ist gleichsam der Flugkapitän, der Albatros, das Luftschiff. Zwillinge berühren tendenziell die Grenzen des Luftraumes.

Weiterhin entsprechen dem Element Luft die Ereignisse und Erscheinungen, die mit den Nerven und dem Gehirn zusammenhängen. (Die Nerven im Sinne von Gemüt werden zusätzlich dem Tierkreiszeichen Fische, das Gehirn auch dem Widder-Typus zugeordnet). Die Koordinations-, Kontroll- und Steuerungsleistungen in jeder/m von uns sind Ausdruck, Reflex unseres Umgangs mit dem Luftelement. Wenn der Waage-Mechanismus aus dem Lot gerät, äußert sich dies häufig in Koordinations- und Gleichgewichtsstörungen, in nervöser Anspannung und Verkrampfung (das »Kreuz« schmerzt, die Adern verkrampfen sich, das Nervenkostüm meldet Alarm oder schaltet einzelne Sinne oder Körperorgane ab u. a. m.).

Vom Element Luft leiten sich weitere klassische Zuordnungen für das Tierkreiszeichen Waage ab. Alles, was mit dem Atmen, dem Luftholen, der Sauerstoffversorgung, der Belüftung usw. zu tun hat, ist – wie naheliegt – dem Element Luft zugeordnet. Wenn eine Person zum Beispiel Atemnot verspürt oder umgekehrt auch in verblüffenden Momenten gut durchatmen kann, dann besteht in der Regel ein Zusammenhang damit, wie diese Person auch im übertragenen Sinne die »Luft-Qualitäten« an sich selbst und in ihrer Umgebung erlebt. Alle Stärken und Schwächen des Atemsystems können bei jeder und jedem von uns ein Spiegelbild dafür sein, wie wir es mit dem Element Luft – und das heißt auch: mit Denken, Wissen und Vorstellungskraft – für uns selbst halten.

Das Reich der Geister und des Geistes

Die Luft ist geistreich – und geister-reich! Hatten wir uns nicht bereits an die Vorstellung gewöhnt, die Zeit der Geister und Gespenster sei vorbei? Der Glaube an Spuk, an umherfliegende Engel, an heimliche Teufel usw. hat tatsächlich an Einfluß verloren, und das ist gut so. Aber wir erleben seit einigen Jahren auch eine scheinbare Wiederbelebung der Geisterwelten. In einem Teil des esoterischen Bereiches sind »Engel« und andere »Lichtwesen« zu einer vorübergehenden Mode geworden. Kinder und Jugendliche spielen ghostbusters, die »fröhliche Geisterjagd«, und lassen sich von gespensterhaften Kobolden faszinieren. Der »Zeit-*geist*« beflügelt kritische Intellektuelle, die sich auf »Zeitgeistreisen« begeben wie andere auf einen Abenteuerurlaub. Während in einem Teil der spirituellen Szene »Geistheilerinnen« und »Geistheiler« populär sind, lassen sich nicht wenige Wirtschaftsmanager oder Spitzensportler ein Mentaltraining (d.h. ein Geisttraining) verabreichen. Was äußert sich in diesen und anderen Phänomenen?

Wir erschließen derzeit den »Luftraum« in einem

Umfang und in einer Intensität, die historisch ohne Beispiel sind. (Die vielfach in den Medien diskutierte Befürchtung, der Luftraum werde zu eng, gilt eben nicht nur für den Flugverkehr. Aber vielleicht wird in Wirklichkeit nicht der Luftraum zu eng, sondern nur geltende geistige Horizont, das *bisherige* Verständnis unserer geistigen Möglichkeiten und Aufgaben.)

Damit es nicht zu einer Herrschaft von unbegriffenen, unpersönlichen Geistwesen kommt, damit also ein neuer Spuk uns erspart bleibt, ist die gedeihliche Fortentwicklung der persönlichen Individualität der Angelpunkt. Geister sind Zerfallsprodukte sowie Bildungsmomente des *einen* und geeinten Geistes, den ein Mensch besitzt, der sich in der Welt und im Universum selbst versteht. Der Verlust von alten Selbstverständlichkeiten und der Übergang zu neuen, persönlich geeigneten Selbstverständlichkeiten bringen vielfältige Geistesblitze, gedankliche Einbrüche und neue »Geistbegegnungen«, die so ungewohnt sind wie ein neuentdeckter Stern!

Morgengrauen

Innerhalb des Jahreskreises nimmt die Waage eine besondere Stellung ein. Die Herbst-Tag- und Nachtgleiche am 22./23.9. markiert mehr als den Anfang einer neuen Jahreszeit. Im Horoskop entspricht ihr der Anfangspunkt des 7. Hauses, des Waage-Hauses, – das ist der Deszendent, der Hafen des Lebens. Und mehr noch: Hier findet der Wechsel von der Nachtseite zur Tagseite des Tierkreises statt, der Übergang vom unbewußten zum bewußten Dasein.

Nach gängiger astrologischer Auffassung eröffnet die Waage erstmals die Begegnung mit einem »Du«. Was damit gemeint ist, weist jedoch in eine ganz bestimmte Richtung: Mit der Waage beginnt die Entdeckung des *Anderen*! Gemeinschaftsleben und Partnerschaft kennen natürlich auch jene Tierkreiszeichen, welche der Waage im Jahreskreis vorausgehen. Was wäre etwa ein Stier ohne »Herde«, was wären z. B. die Zwillinge ohne Kontakt zu ihren Mitmenschen? So gesehen, existiert ein »Du« nicht erst bei der Waage. Doch es sind zwei verschiedene Paar Schuhe oder eben zwei separate Waagschalen, mit Mitmenschen zusammenzuleben und – an der oder dem anderen tatsächlich auch *das Andere* wahrzunehmen.

Das Andere als solches zu erfassen, ist eine Frage des Bewußtseins. Dieses *dämmert* in der Waage erstmals auf (dementsprechend stellt die Waage das beginnende, kardinale Luftzeichen dar). Die erste Hälfte des Tierkreises, von Widder bis Jungfrau, handelt von der Ausbildung der Selbst-Identität und der Individualität; die zweite Hälfte, von Waage bis Fische, jedoch von der Entwicklung des Bewußtseins und des kollektiven Daseins.

Während die Waage also einen überaus spannenden Wendepunkt im Verlauf des Jahreskreises darstellt, befindet sich dieses Tierkreiszeichen, die Waage selbst, in einer nicht ganz einfachen Lage. Alle anderen Tierkreiszeichen können auf die Waage blicken: Sie sehen in ihr den Tagesanbruch, die Zeit des Erwachens. Vom Standpunkt des Tierkreiszeichens Waage aus sieht die Situation allerdings sehr *vage* aus. Während sie bei dem anderen Licht und Schatten in klaren Umrissen ausmacht, sind bei ihr selbst Tag und Nacht anfangs gerade noch gemischt. Der Moment des Erwachens ist zunächst ein Augenblick der Ungeschiedenheit, der Ungeformtheit, aber auch der Offenheit und der Neugier.

Die Waage und das Vage

Die Waage beginnt mit der Stunde Null des Bewußtseins. Das Einzelne hat sich soweit entwickelt, daß es sich vom Übrigen trennt. Doch das Gewahrwerden dieses Unterschieds ist zunächst der *einzige* Anhaltspunkt. »Es liegt etwas in der Luft«: Vage Gefühle, Gedanken und Empfindungen in sich selbst und vage Vorstellungen vom Anderen sind notwendige Begleiterscheinungen des Erwachens. Diese Erfahrungen wird das Tierkreiszeichen Waage deshalb immer wieder durchmachen, wenn ihm etwas Neues bewußt wird: Eine bestimmte Ungewißheit; die Mühe damit, Dinge und Ereignisse zu identifizieren; Schwierigkeiten dabei, zu verstehen, worin die persönliche Betroffenheit momentan besteht; Ahnungslosigkeit gegenüber der Bedeutung der eigenen Vorstellungen.

Die Waage erlebt sich als erste im Tierkreis frei von allen *unmittelbaren* Identitäten und Betroffenheiten. Das gibt dem Waage-Typus eine unberührte Leichtigkeit, ein freischwebendes Vorstellungsleben mit großen Gefahren und Chancen: Haltlosigkeit, Unpersönlichkeit und Willkürlichkeit können sich daraus ergeben, ebenso eine Beklemmung, eine Unbeweglichkeit, ja ein Verlust von Lebendigkeit gegenüber all dem Vagen. Auf der anderen Seite resultieren aus der Vertrautheit mit dem Vagen reiche Fantasien, geistige Initiativen, Kenntnis und Verständnis des Anderen (auch in sich selbst) und somit die Voraussetzungen für eine fortschreitende Bewußtwerdung. –

Die typischen Merkmale eines Tierkreiszeichens bedeuten immer Begabung und auch Aufgabe. Die Harmonie von Sinn und Sinnen (»Venus«) und der Begriff des Eigenen (»Saturn«) sind besondere Talente der Waage, doch zugleich ihre speziellen Aufgaben, ihre Lebensthemen. Ihr Weg dahin führt durch die Erfahrungen der Vagheit. Dabei kommt es unvermeidlich zu Phasen der Unausgewogenheit, in denen die Venus gleichsam schief liegt, in denen Geist und Sinn den Körper und die Sinne dominieren (oder umgekehrt, das Sinnliche beherrscht das Sinnhafte). Es treten Zeiten der Begriffslosigkeit und der Abwesenheit des Eigenen auf, Zeiten, in welchen der Saturn noch auf seinem langen Weg bis zum Punkt der Erhöhung sich befindet. Die unterschiedlichen Charakterisierungen des Waage-Verhaltens, von denen eingangs die Rede ist (einerseits charmant und verbindlich, dann wieder verletzend-hart oder gleichgültig, vgl. S. 22), spiegeln diese Geburtswehen der Waage.

Der Waage-Typus braucht auf der einen Seite die fortwährende Entbindung seiner Vorstellungskraft von der augenblicklichen Selbstbetroffenheit; nur so wird er den anderen gerecht. Zugleich benötigt er zu jeder Zeit jedoch auch die Rückbindung, das Verständnis davon, was seine geistigen Aktivitäten für seine Person und sein Leben praktisch bedeuten; so wird er sich selbst gerecht. – Wie *die Waage in uns* mit diesen Widersprüchen fertig wird, davon berichten im weiteren die Tarot-Karten, welche diesem Tierkreiszeichen zugehören (ab S. 57 f.).

Auf den folgenden Seiten geht es zunächst um die

Tarot-*Praxis*. Dabei wird am Tarot – exemplarisch auch für die übrigen Symbolsprachen – deutlich, wie sehr die Auseinandersetzung zwischen Einzelnem und Anderem, zwischen sinnlicher Wahrnehmung und sinnhafter Interpretation kennzeichnend für ein neues Verständnis von Symbolen ist. Mit anderen Worten: Es wird erkennbar, wie sehr das aktuelle Interesse an Tarot, Traumdeutung, Astrologie und Märchen eine Waage-Thematik spiegelt – und insoweit als Ausdruck der Entstehung eines neuen Bewußtseins zu begreifen ist.

Stationen der Bewußtwerdung

Die Waage in den Bildern des Tarot

Von der Astrologie wechseln wir in eine andere Symbollandschaft, das Tarot. Tarot-Karten besitzen eine lange Geschichte. Doch noch nie haben sich so viele Menschen wie heute die Tarot-Karten gelegt. Und noch nie geschah dies in der heute üblichen Form, daß man selbständig die Karten bewegt und eine bedeutungsvolle und dennoch relativ offene oder assoziative Interpretation der Bilder und Symbole vornimmt, die am ehesten mit der *Traumdeutung* zu vergleichen ist.

Wahrsagerei und klassische Esoterik spielen in den gegenwärtigen Tarot-Gebrauch hinein. Aber es ist etwas Neues, etwas Eigenes, was sich unter dem Namen »Tarot« verbreitet hat und das im deutschsprachigen Raum derzeit Millionen von Menschen zu den Karten greifen läßt. Die wesentlichen Quellen für die aktuelle Popularität des Tarot waren – neben kleineren spirituellen und esoterischen Gruppen – in den 1960er Jahren die Hippie-Bewegung und in den 1970er Jahren die Frauenbewegung. Heute läßt sich das Interesse am Tarot keineswegs mehr einer bestimmten Szene zuordnen; es ist zu einem Teil der Alltagskultur geworden. Manche Beobachter/innen stehen relativ fassungslos vor diesem Phänomen, sortieren es entweder unter die Rubrik »neuer Aberglauben« oder in die Schublade »Esoterik-Welle« ein. Doch dies wird der vorherrschenden Tarot-Praxis nicht gerecht.

Bevor wir nun ab Seite 57 in die Symbolik derjenigen Tarot-Karten einsteigen, welche speziell dem Tierkreiszeichen Waage zugeordnet werden, soll zunächst beschrieben werden, was Tarot ist und wie es funktioniert. Trotz der enormen Popularität dieser Symbolkarten ist nicht jede(r) mit ihnen selber in Berührung gekommen; so können die folgenden Seiten als eine Einführung dienen. Für diejenigen jedoch, welche die Tarot-Karten kennen, sind die folgenden Erfahrungswerte aus einem bestimmten Grunde von besonderem Interesse, der mit der Charakteristik der »Waage« zusammenhängt.

Tarot und Selbsterfahrung

Es hat sich in den letzten Jahren eingebürgert, die Tarot-Karten als »*Spiegel*« und insofern als Medium der *Selbsterfahrung* aufzufassen. Das aber ist nicht selbstverständlich. Zur Blütezeit der klassisch-esoterischen Tarot-Interpretation, als vor rund 100 Jahren, wäre kaum jemand auf diese Idee gekommen. Damals galten die Symbolkarten nicht als Spiegel, sondern selber als etwas Autonomes, welches dem einzelnen Ich gegenüberstand; Gottheiten, Prinzipien oder Wesenheiten wurden in den Karten erblickt. Diese alte Auffassung trifft insofern zu, als die Tarot-Karten auf der einen Seite keine Selbsterfahrung anbieten, sondern vielmehr die Weltanschauung sowie die Selbstdarstellung anderer Menschen (der Produzenten, Hersteller, Verkäufer dieser Karten) zum Ausdruck bringen.

Wenn nun die derzeitige Tarot-Auffassung dazu übergegangen ist, dieses Gegenüberstehende, dieses

Andere als Spiegel der Selbsterfahrung zu betrachten, so liegt darin (bewußt oder unbewußt) ein Schritt von großer Tragweite: Die Kluft, die strikte Trennung zwischen Ich und Gegenüber, zwischen dem Selbst und dem Anderen (zwischen Subjekt und Objekt) wird aufgehoben! Selbsterfahrung wird nicht mehr als etwas verstanden, was man nur mit sich selber, im Alleingang ausmachen kann. Selbsterfahrung muß zum Anderen führen, das Andere (das dem Selbst Fremde) miteinschließen. Wenn dies gelingt, verlieren die Tarot-Karten zugleich ihre formelhafte »Objektivität«, die sie in esoterischer Vergangenheit und heute noch in der Wahrsagerei besitzen.

Vielleicht ist dies das wichtigste Kennzeichen der neuen Tarot-Praxis: Die scheinbare Eindeutigkeit von wahrsagerischen oder lehrbuchmäßigen Interpretationen hat sich als ein Aberglauben erwiesen, der vor allem dem/der Einzelnen gegenüber nicht eindeutig, sondern zu beliebig, zu unpersönlich blieb. Früher sah es so aus, als sei es die wichtigste Frage, welche Karte man *zieht*. Heute ist jedoch die Frage ebenso wichtig geworden, wie man die gezogene Karte *sieht*.

Zur Vorstellung des Tarot

Tarot, das ist ein Päckchen mit jeweils 78 Bild- und Symbolkarten. Die ersten Tarot-Karten stammen aus der Renaissance-Zeit. Sie entstanden um 1430–1460 in Oberitalien und etwas später in Südfrankreich. Die Bilder und Symbole, also die Inhalte der Karten, sind wesentlich älter. Mittelalterliche, antike (z. B. klassisch-griechische) und frühgeschichtliche (z. B. babylonische) Motive finden sich im Tarot vereint. Eine inhaltliche oder weltanschauliche Interpretation der Tarot-Karten beginnt jedoch im wesentlichen erst mit dem 19. Jahrhundert. 1781 erscheint in Paris das erste »Deutungsbuch« zur Tarot-Symbolik (von A. Court de Gebelin).

Innerhalb der Symbolik des Tarot unterscheiden sich vor allem zwei Gruppen von Karten: Große und kleine Arkana (»Geheimnisse«). Wir begegnen großen Stationen des Lebens – wie »Liebe, Tod und Teufel«, dem »Gericht« sowie dem »Narren«, dem »Eremiten«, dem »Magier« und vielem mehr. Daneben zahlreichen kleinen Stationen des Alltags, die in Gestalt der Symbolreihen der Stäbe, Kelche, Schwerter und Münzen (oder Scheiben) auftreten, welche einerseits den vier Farbreihen der bekannten Kartenspiele und andererseits den vier Elementen entsprechen.

Im Gebrauch des Tarot herrschen verschiedene Anwendungsbereiche vor. Bildmeditationen und Anwendungen zu psychologisch-therapeutischen Zwecken gehören ebenso dazu wie die illustrative Nutzung des Tarot in Romanen, Erzählungen, in Kunst und Gebrauchsgrafik. Eine sinnbildliche Funktion besitzt das Tarot, wenn etwa jedem Tierkreiszeichen oder einem Geburtsdatum nach einem bestimmten Verfahren gewisse Tarot-Karten zugeordnet werden.

Geheimnisvolle Bilder

Im Mittelpunkt des großen aktuellen Interesses steht jedoch das eigentliche Kartenlegen. Dabei wird auf eine selbstgewählte Frage hin »blind« eine Anzahl von Karten gezogen und nach einem der vielen Legemuster ausgelegt. Die ausliegenden Bilder zusammen beantworten die gestellte Frage. Dabei sind sowohl die Bedeutungsgeschichte, also die in Büchern nachzulesenden Kartenerklärungen, wie auch die ganz spontane und persönliche Sichtweise der Karten im gegebenen Augenblick am Zustandekommen der gesuchten Antwort beteiligt.

Das Faszinierende ist, daß das Tarot-Kartenlegen *funktioniert*, daß es zu Antworten und Einsichten führt, welche genauso zu bedenken und zu prüfen sind, wie alle sonstigen persönlichen Erkenntnisse auch – nur daß sich hier oftmals eine völlig überraschende und unbekannte Logik offenbart, die so fremd und doch so vertraut erscheint, wie es auch bei Träumen oft der Fall ist. Nicht selten gewinnt man sogar den Eindruck, als würde diese Logik, die scheinbar aus den Karten spricht, eine/n besser kennen als man selbst.

Diese häufig so verblüffende Wirkungsweise des Tarot-Kartenlegens muß man selbst ausprobiert haben. Sie ist auf der einen Seite völlig real; man hat buchstäblich die Karten selbst in der Hand. Zugleich ist es eben oftmals auf eine wunderbare und zauberhafte Weise den vertrauten Begriffen enthoben, was man dabei erlebt.

In das Tarot-Kartenlegen ist deshalb viel hineingeheimnist worden. Diverse anonyme Wesenheiten oder »kosmische Mächte« wurden bemüht, um das Abenteuer des Tarot einerseits rasch wieder in griffige Kategorien und andererseits ins Unerfindliche zu drängen. Besser ist es, den Widerspruch zwischen gewohnter Realität und der »Anderswelt« der Tarot-Erfahrung zunächst einmal bestehen zu lassen, ihn auch als einen (inner-)persönlichen Widerspruch zu begreifen und sich sodann aus der eigenen Erfahrung heraus einem persönlichen Verständnis des Tarot-Kartenlegens anzunähern.

An dieser Stelle sollen drei Faktoren hervorgehoben werden, die zu diesem Verständnis beitragen können.

1. Der schöpferische Zufall

Den »Zufall« in seiner Rolle als schöpferischen Faktor oder einfach als bedeutungsvollen Teil der Lebenswirklichkeit anzusehen und sich deshalb mit ihm auseinanderzusetzen, dies hat das Tarot-Kartenlegen nicht erfunden; es betreibt die Arbeit mit dem Zufall in spielerischem Ernst nur mit Methode und Absicht. Als Orakel verstanden, leben im Tarot-Kartenlegen uralte Traditionen wieder auf und weiter. Gleichzeitig ist es eine Spezialität der Kunst und der Wissenschaften des 20. Jahrhunderts, daß sie auf eine neue Art die Rolle des Zufalls in ihr Kalkül oder in ihre Produktion miteinschließen. Auch hier gilt: Was lange Zeit Thema für wenige war, wird nunmehr zum Erfahrungsgut für viele. Tarot trägt dazu bei, den schöpferischen Umgang mit dem Zufall zu popularisieren.

Den *Augenblick* in seiner Bedeutung zu verstehen, heißt, anstelle der früheren Pauschalurteile (entweder »Alles ist Zufall« oder »Es gibt keinen Zufall«) zu einer beweglicheren und adäquateren Auffassung überzugehen, die da lautet: *»Ich sehe einen Zusammenhang«.*

2. Bewußtes Erbe

Im Tarot begegnen uns – wie in anderen Symbolsprachen auch – traditionelle Leitbilder. Eine Fülle von Charakteren, von typischen Situationen und Stationen des Lebens, von Begriffen und Bewertungen künden von einer generationenlangen Welt- und Selbsterfahrung, die sich in bestimmten Bildern und Symbolen verdichtet hat. Wenn man an Selbsterkenntnis sowie an kreativer Bildung interessiert ist, ist die Begegnung mit dem kulturellen Erbe lohnend und letztlich unverzichtbar. Je mehr man nach individuellen Ausdrucksformen, nach einem persönlichen Lebensweg sucht, umso mehr braucht man gewisse festgesetzte Erfahrungswerte, welcher außerhalb der eigenen Person bestehen und an welchen man sich spiegeln und erfahren kann.

Dieser Aspekt der Selbstbegegnung stand eindeutig im Vordergrund, als in den frühen 1980er Jahren der beispiellose Tarot-Boom seinen Anfang nahm. Heute ist der Selbsterfahrungsansatz für manche Einsteiger/innen weitaus weniger selbstverständlich, als dies für die Tarot-Spieler/innen vor 10–15 Jahren der Fall war. Allerdings war oder ist auch vielen »alten Hasen« wenig bewußt, daß die Tarot-Karten gerade deshalb funktionieren, weil sie das Individuelle *im Spiegel des Anderen* zeigen. Die folgenden Ausführungen von Elias Canetti über die heilsame Wirkung von Bildern treffen hier ganz auf die Bild- und Symbolwelten des Tarot zu:

»Denn ein Weg zur Wirklichkeit geht über Bilder. Ich glaube nicht, daß es einen besseren Weg gibt. Man hält sich an das, was sich nicht verändert, und schöpft damit das immer Veränderliche aus. Bilder sind Netze, was auf ihnen erscheint, ist der haltbare Fang. Manches entschlüpft und manches verfault, doch man versucht es wieder, man trägt die Netze mit sich herum, wirft sie aus und sie stärken sich an ihren Fängen. Es ist aber wichtig, daß diese Bilder auch außerhalb vom Menschen bestehen, in ihm sind selbst sie der Veränderlichkeit unterworfen. Es muß einen Ort geben, wo er sie unberührt finden kann, nicht er allein, einen Ort, wo jeder, der unsicher wird, sie findet. Wenn er das Abschüssige seiner Erfahrung fühlt, wendet er sich an ein Bild. Da hält die Erfahrung still, da sieht er ihr ins Gesicht. Da beruhigt er sich an der Kenntnis der Wirklichkeit, die seine eigene ist, obwohl sie ihm hier vorgebildet wurde. Scheinbar wäre sie auch ohne ihn da, doch dieser Anschein trägt, das Bild braucht seine Erfahrung, um zu erwachen. So erklärt es sich, daß Bilder während Generationen schlummern, weil keiner sie mit der Erfahrung ansehen kann, die sie weckt« (Elias Canetti, aus: »Die Fackel im Ohr«, München 1980, S. 130).

3. Die eigene Sichtweise erkennen

Erst im Laufe dieses Jahrhunderts hat sich die *bildhafte* Betrachtung der Tarot-Karten durchgesetzt. 1910 wurde das erste Tarot-Spiel – das Rider-Waite-Tarot – veröffentlicht, das nicht nur die 22 »großen« oder Trumpfkarten, sondern durchgängig alle 78 Tarot-Karten mit symbolischen Bildern ausstattete. Für die neue Tarot-Begeisterung in den letzten Jahren und Jahrzehnten war die bildhafte Wahrnehmung der Karten bereits eine Selbstverständlichkeit.

Insofern wir *Bildern* begegnen, unterscheidet sich das Tarot wesentlich von Wahrsagerei und schulmäßiger Esoterik, welche jeweils mit engumrissenen, festgelegten Bedeutungen pro Karte arbeiten. Ein Bild läßt sich nicht einfach durch Definitionen ausschöpfen; die Begegnung mit einem Bild ist jeweils auch eine subjektive, persönliche und situationsbezogene Angelegenheit. Dieses mehr oder weniger *unmittelbare Erlebnis* der eigenen Anschauungen und Betroffenheiten – jenseits und im Vorfeld festgelegter Begriffe und Bewertungen – hat unzählige Menschen am Tarot fasziniert.

Kunst des Schauens

Der Spannungsmoment beim praktischen Kartenlegen läßt sich, wie der Verfasser an anderer Stelle ausgeführt hat, »wie ein Abtauchen in tiefere Schichten der Person verstehen. So wie man sich manchmal ins Bett legt und deutlich empfindet, daß man sich mit dem Schlaf einem anderen Raum überläßt, von dem man nicht weiß, was in ihm geschehen wird. Oder die Parallele zu der Situation, wenn man in einem nicht völlig dunklen Zimmer aus dem Schlaf erwacht und sofort die Augen öffnet. Man sieht etwas, aber (er)kennt es nicht, obwohl es vielleicht sogar das eigene Zimmer ist. Es dauert eine Weile (die lang erscheint, obwohl es oft nur Sekundenbruchteile sind), bis man bestimmte Dinge als solche erfaßt, und dann noch einmal eine Weile, bis man die wahrgenommenen Dinge wieder in bekannten Formen und Bedeutungen sieht. Der Augen-blick wirkt in solchen Situationen gedehnt, wie in Zeitlupe, und zugleich wirkt er verdichtet, weil in winzigen Zeitabschnitten buchstäblich ungeheuer viel durchlebt wird.« Das selbständige Tarot-Kartenlegen gleicht damit, bezogen auf den Alltag, einem Wahrnehmungstraining; es spielt immer wieder elementare Voraussetzungen der persönlichen Welt-anschauung durch: »Was fällt Dir an dem auf, was vor Dir liegt? Was siehst Du eigentlich das, was Du siehst, und wie kommst Du darauf? Was bedeutet es Dir? Wofür ist es ein Zeichen? Was sagt Dir das und was willst Du damit tun?«

Somit zeichnet sich an der neuen Tarot-Welle insgesamt ein Bedürfnis ab, mit »neuen Augen« zu sehen. Wie es der Filmemacher Wim Wenders einmal benannte: »Wenn man doch nur so filmen könnte, wie man manchmal die Augen aufmacht: Nur schauen, ohne irgendetwas beweisen zu wollen.« Dieses Bedürfnis liegt auf dem Erfahrungsweg der Waage in uns: Das Vage zu durchleben, um zu einem eigenen Bewußtsein – einem Bewußtsein des Eigenen – zu gelangen.

Der Schwerpunkt liegt in diesem Kapitel nun auf überlieferten Bedeutungen und aktuellen Bewertungen der speziellen »*Waage*«-*Karten* des Tarot. Diese geben weiteren Aufschluß über den Symbolgehalt des Tierkreiszeichens. (Und für das praktische Kartenlegen werden durch die Klärung der Bedeutungsgeschichte der einzelnen Karten die Voraussetzungen, d.h. jener Spiegel geschaffen, in welchem man sich selbst gegenübertreten kann.)

Tarot und Tierkreiszeichen

Widder: IV-Der Herrscher, XVI-Der Turm, Königin der Stäbe, Stab 2, Stab 3, Stab 4

Stier: V-Der Hierophant, III-Die Herrscherin, König der Münzen (Prinz der Scheiben), Münzen (Scheiben) 5, 6 und 7

Zwillinge: VI-Die Liebenden, I-Der Magier, Ritter der Schwerter, Schwert 8, Schwert 9, Schwert 10

Krebs: VII-Der Wagen, II-Die Hohepriesterin, Königin der Kelche, Kelch 2, Kelch 3, Kelch 4

Löwe: VIII-Kraft (= XI-Kraft / Lust), XIX-Die Sonne, König (Prinz) der Stäbe, Stab 5, Stab 6, Stab 7

Jungfrau: IX-Der Eremit, I-Der Magier, Ritter der Münzen (Scheiben), Münzen (Scheiben) 8, 9 und 10

Waage: XI-Gerechtigkeit (= VIII-Gerechtigkeit / Ausgleichung), III-Die Herrscherin / Die Kaiserin, Königin der Schwerter, Schwert 2, Schwert 3, Schwert 4

Skorpion: XIII-Tod, XX-Gericht (= XX-Äon), König (Prinz) der Kelche, Kelch 5, Kelch 6, Kelch 7

Schütze: XIV-Mäßigkeit, X-Rad des Schicksals, Ritter der Stäbe, Stab 8, Stab 9, Stab 10

Steinbock: XV-Der Teufel, XXI-Die Welt / Das Universum, Königin der Münzen (Scheiben), Münzen (Scheiben) 2, 3 und 4

Wassermann: XVII-Der Stern, 0-Der Narr, König (Prinz) der Schwerter, Schwert 5, Schwert 6, Schwert 7

Fische: XVIII-Der Mond, XII-Der Gehängte, Ritter der Kelche, Kelch 8, Kelch 9, Kelch 10

Tarot-Karten
für das Tierkreiszeichen Waage

Nach einem heute weit verbreiteten Verfahren, welches vor rund 100 Jahren der Golden-Dawn-Orden, eine englische Rosenkreuzer-Vereinigung, entwickelte, werden jeder Tarot-Karte bestimmte astrologische Konstellationen zugeordnet (vgl. Anmerkung S. 150 f.). Zu jedem Tierkreiszeichen gehören danach sechs Karten, die zusammen ein Bild für das betreffende Zeichen ergeben.

Für die Waage sind dies die Karten:

- VIII/XI-Gerechtigkeit (Ausgleichung)
- III-Die Herrscherin/Die Kaiserin
- Königin der Schwerter
- Schwert 2
- Schwert 3
- Schwert 4

Sie sehen diese Kartenbilder in der Darstellung des Rider-Waite-Tarot (Seite 58 f.), des Crowley-Tarot (S. 60 f.) und des Ancien Tarot de Marseille (S. 62 f.). Weltweit gibt es derzeit über 400 verschiedene Sorten Tarot-Karten. Davon sind diese drei Spiele mit Abstand die bewährtesten. Die Art der Darstellung unterscheidet sich von einem Tarot-Spiel zum anderen bisweilen erheblich. Gemeinsam haben die verschiedenartigen Bildgestaltungen jeweils einen oder mehrere thematische Bezugspunkte. Sie verkörpern auf unterschiedliche Weise eine selbe Situation. Nur der Zugang erfolgt von verschiedenen Richtungen aus. – Wenn Ihnen Tarot-Karten zur Verfügung stehen, benutzen Sie diese bei den folgenden Bildbetrachtungen.

Rider-Tarot

Das Rider-Tarot wurde von Pamela Colman Smith
und Arthur E. Waite entwickelt und erschien 1910
im Londoner Verlag Rider.
Abbildungen:
XI-Gerechtigkeit und III-Die Herrscherin

Abbildungen: Königin der Schwerter –
Schwert 2 – Schwert 3 – Schwert 4

Crowley-Tarot

*Lady Frieda Harris und Aleister Crowley stellten
dieses Tarot 1943 fertig. Auf gedruckten Karten
erschien es zuerst 1969 in den USA.
Abbildungen:
VIII-Ausgleichung und III-Die Kaiserin*

Königin der Schwerter

Frieden

Kummer

Waffenruhe

Abbildungen: Königin der Schwerter –
Schwert 2 – Schwert 3 – Schwert 4

Marseiller Tarot

*Die hier abgebildete Ausgabe des »Ancien Tarot de
Marseille« wurde, auf der Basis älterer Vorlagen,
1930 in Paris veröffentlicht.
Abbildungen:
VIII-Gerechtigkeit und III-Die Herrscherin*

Abbildungen: Königin der Schwerter –
Schwert 2 – Schwert 3 – Schwert 4

Richtungsweisung für die »Libido«

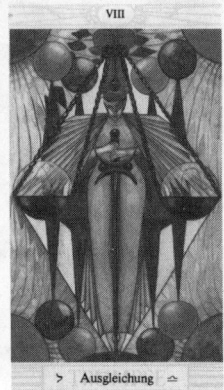

Abbildungen: Karte VIII bzw. XI – Gerechtigkeit/
Ausgleichung
Rider-, Crowley- und Marseiller Tarot (v.l.n.r.)

Die Bezeichnung dieser Karte ist etwas ungewöhnlich:
Sie trägt verschiedene Namen und Ziffern. Der Kartentitel lautet üblicherweise »Gerechtigkeit«, und nur
A. Crowley hat ihn in »Ausgleichung« umbenannt, was
freilich den Bezug zum Tierkreiszeichen Waage umso
deutlicher herausstellt. Die Numerierung der Karte allerdings hat in der Tarot-Literatur der vergangenen
Jahre für eine gewisse Aufregung gesorgt.

Einige Jahrhunderte lang stand fest: Die Nr. VIII in der
Reihenfolge der Großen Karten des Tarot ist die Karte
»Gerechtigkeit« und die Nr. XI ist diejenige mit dem
Titel »Kraft« (auch »Stärke« genannt, im Crowley-Tarot »Lust«). Der Golden-Dawn-Orden, jene Rosenkreuzer-Vereinigung in England um 1900, welche die
weitere Tarot-Geschichte in vielerlei Beziehung beein-

flussen sollte (vgl. Anm. S. 150), änderte nun an diesem einen Punkte die Reihenfolge der Karten ab und vertauschte die bisherigen Nummern VIII und XI. – Der Verfasser hat seine Erfahrung und Beurteilung, was diese Umstellung heute praktisch bedeutet, an anderer Stelle festgehalten (woraus wir, ebenfalls in den Anmerkungen, zitieren).

Was im Streit um die »richtige« Bezifferung bisher jedoch untergegangen ist, sind zwei inhaltliche Gesichtspunkte, die hier dargestellt werden, weil sie zugleich für das Verständnis des Tierkreiszeichens Waage von Bedeutung sind.

Erstens: Die ersten Tarot-Karten aus der Renaissance-Zeit zeigten *nur* Bilder und Symbole – keine Worte, keine Zahlen. Im Zweifelsfalle sind auch heute allein die Bilder und Symbole maßgeblich (und typisch) fürs Tarot; sie stellen das A und O, die Grundaussagen des Tarot dar. – Übertragen auf das Tierkreiszeichen Waage heißt dies, daß im Streit der Bewertungen und Beurteilungen, in der Suche nach *Gerechtigkeit*, es sinnvoll erscheint, auf die *zugrundeliegenden Erfahrungen* einzugehen – daß es gemeinsame Inhalte und Wurzeln gibt, denen gegenüber die einzelne Benennung oder Numerierung zweitrangig bleibt.

Zweitens: »Gerechtigkeit« meint viel weniger ein »abstraktes Prinzip« oder bloß den Ablauf des konkreten Justizapparates, als gemeinhin angenommen wird. *Gerechtigkeit* ist ein Bedürfnis und ein Ideal, das ganz praktisch davon handelt, möglichst vielen Interessen und Energien eine weitgehende Chance der Verwirklichung zu verschaffen (das gilt für die Auseinandersetzung innerhalb einer Person wie zwischen mehreren).

Gerechtigkeit hat insoweit viel mit »*Kraft*« und »*Lust*« zu tun.

In diesem Zusammenhang ist ein Blick auf die Bedeutungsgeschichte des Wörtchens »Waage« sehr aufschlußreich. Waage heißt lateinisch »libra« (so auch heute das Sternbild wie das Tierkreiszeichen Waage im Fachjargon). Diese libra bedeutet im Lateinischen sowohl die Waage, aber auch das Gewicht und das Gewogene. Weiter: Derselbe Wortstamm steckt im Wörtchen »liber«, d.h. frei. »Freiheit« (libertas, liberty, Liberalität usw.) geht auf gleiche Wurzeln zurück wie »Waage«. Libra war auch ein altrömisches Geldstück, davon wurde im Italienischen die *Lira* abgeleitet, im alten Frankreich der »livre« – ein Geld, welches später vom »Franc« abgelöst wurde, wobei auch Franc wiederum »offen« und »frei« bedeutet. – Zieht man diese verschiedenen Wortbedeutungen von »liber/libra« zusammen, ergibt sich ein treffender Sinnspruch zur persönlichen Bedeutung von Gerechtigkeit: »Wenn Du Dein (Wiege-) Maß und Dein Gewicht besitzt, bist Du frei.«

Aber das ist nicht alles: *Liber* heißt bei den »alten Römern« nicht nur frei, sondern war zu ihren Anfangszeiten auch der Name eines Gottes: Liber – Gott der Befruchtung und Weingott (später Bacchus, entsprechend griechisch Dionysos). »Libera« ist ein Name der Proserpina (griechisch Persephone), Göttin der Fruchtbarkeit (des Ackers), Tochter der Erdmutter und des Göttervaters. – Vom selben Wortstamm kommt auch das lateinische libet (im deutschen »lieb« erhalten), und *libet* bedeutet: »Es beliebt, es gefällt, es gelüstet.« Libitia ist dann das Belieben, das Gelüst; libentia (»die, der es gefällt«) lautet im alten Rom ein Name der Venus als

66

Göttin der Lust – und, nun eine Überraschung, *Libido* (Begierde, Lust, Verlangen usw. – ein Schlüsselbegriff der Psychoanalyse und der Tiefenspychologie in diesem Jahrhundert) leitet sich ebenfalls von jenem Wortfeld »liber/libra« ab, welchem also *die Waage, das Gewogene und Gewichtete, Freiheit und Fruchtbarkeit sowie Lust und Gefallen* zugehören.

Was in der Astrologie die Planeten Venus und Saturn für die Waage bedeuten, ist also auch im lateinischen Wortschatz enthalten.

Für uns heute folgt daraus, daß »Gerechtigkeit« nicht zuletzt eine Frage der Lust und der Freiheit ist. Je stärker die »Libido«, desto größer das tatsächliche Bedürfnis nach Gerechtigkeit, nämlich danach, verschiedenartige vitale Interessen und Bedürfnisse auszugleichen und auszurichten, auf daß sie »Luft« bekommen und ihre Chance behalten.

Bewußte Natur

»Die Herrscherin« bzw. »die Kaiserin« symbolisiert – wie die Venus in der Astrologie – die Verbindung von Sinn und Sinnen, den alten und immer wieder neuen Glauben an eine geistvolle menschliche Natur: Eine Natur, die fruchtbar wird, weil sie sich in und durch den Menschen selbst erkennt; ein Geist, der befruchtend wirkt, weil er seine menschliche, materielle Natur begreift. Das Venuszeichen führt die Herrscherin des Rider-Bildes in ihrem Wappen, welches auch so gesehen werden kann, daß die grüne Natur im grauen Unbewußten eingeschlossen ist. Als Zeichen der Erleuchtung und des Bewußtseins sind die zwölf funkelnden

*Abbildungen: III-Die Herrscherin / Die Kaiserin
Rider-, Crowley- und Marseiller Tarot (v.l.n.r.)*

Sterne der Herrscherin-Krone (Rider-Bild) zu verstehen. Für Frauen stellt sich hier ihre Weiblichkeit dar, und Männer können etwas über ihre weiblichen Seiten erkennen. Frauen wiederum brauchen auch ihre männlichen Seiten, um die Macht der Herrscherin zu verwirklichen.

Die Frauenbewegung hat, nicht erst in den letzten 20–30 Jahren, die alten Matriarchate (mutterrechtlichen Gesellschaften) z. T. wiederentdeckt und zu einem Symbol für den – auch historisch verankerten – Eigenwert einer weiblichen Kultur erhoben. Diese Entwicklung steht jedoch in Zusammenhang mit der *Entdeckung des Individuums*.

Das »Individuum« ist eine Entdeckung erst der Neuzeit. Die alte Naturregligion der Großen Mutter sowie der Glaube und die Philosophie der Juden, Griechen und Römer des Altertums kannten es nicht. Das Christentum hat Voraussetzungen indirekt geschaffen – durch die Lehre von dem und der »Nächsten«, worin Gott in Erscheinung trete, und durch den Gedanken von Schuld und Erlösung, der eine individuelle Verantwortung für Heil und Unheil beinhaltet.

Die Entdeckung des Individuums beginnt mit der Renaissance, der Reformation und den Bauernkriegen in Europa und mit der Eroberung der »Neuen Welt«. Als dann 1776 und 1789 zum ersten Mal die Menschenrechte erklärt werden (die Geburtsfeiern des Individuums), zählen viele Menschen noch nicht zu denjenigen, deren Rechte anerkannt sind: Neben vielen weiteren Bevölkerungsgruppen und besonders den Indianern in Amerika sind es in der alten wie in der neuen Welt – die Frauen. Die Geschichte der Demokratisierung ist seitdem auch die Geschichte der Frauenbefreiung und der Anerkennung zuvor unterdrückter »Subkulturen«, die nach und nach *Gerechtigkeit* und *Freiheit* für sich einforderten.

Die Erinnerung an die alten Matriarchate bedeutet heute die Idee und die Gewißheit, daß auf einer neuen Stufe eine Einheit mit »Mutter Erde« und mit der eigenen Natur möglich und nötig ist, wie nie zuvor.

Die praktische Bedeutung der Karte »Die Herrscherin« besteht zunächst in der Aufforderung, selber an der Verwirklichung der eigenen Natur zu arbeiten. Es geht um die Beendigung von falscher Bescheidenheit und von selbstgenügsamer Ohnmacht. Sich selbst zu organisieren für Ziele und Wünsche, die man ernten will, das ist die wesentliche Herausforderung der »Herrscherin«: Selber etwas auszurichten, nicht erst, wenn besondere Ungerechtigkeiten dazu zwingen, sich für die persönlichen Vorstellungen von »richtig« und »schön« zu engagieren; vielmehr sich mit Aufgaben zu betrauen, die sich lohnen, die persönliche Ergebnisse herbeiführen, auch wenn sie Mühen und Schmerzen kosten.

Mehr als andere Tierkreiszeichen sieht sich die Waage dazu gezwungen und/oder dazu ermuntert, die eigenen Bedürfnisse zu kultivieren und sich selbst zu erziehen: Einfühlsam darauf zu achten, was man/frau selbst und andere im Moment benötigen. Unsinnige Ansprüche abwehren und sinn(en)volle Ziele und Ideale auf den Thron heben. Auf dem Recht des Eigenen bestehen, liebevoll und kritisch auf das achten, was im Werden und Wachsen ist. Mit Erfahrung, aber ohne Vorurteil sich die Welt anvertrauen. – Sich selbst zu erziehen, heißt zugleich: Sich des persönlichen Selbst bewußt zu werden. Dadurch entwickelt und besitzt die Waage eine besondere Selbst-Verständlichkeit, ein kraftvolles Urvertrauen, wie Mutter und Kind in einem. Dafür stehen u. a. der Fluß und der Wasserfall im Rider-Bild: die Strömung des Wasser vorwärts, seine bleibende Verbindung zur Quelle; die unwiderrufliche Lösung von der Quelle, die Ruhe in der sich gleichbleibenden Bewegung – und die Freude, sich fallen zu lassen, über das Bekannte hinaus, dem Unvertrauten sich zuzuwenden. Denn die (eigene) Natur ist im Vertrauten wie im Unbekannten zu Hause.

Kopf über den Wolken

Der »Schwert-Königin«, die nächste Tarot-Karte zum Tierkreiszeichen Waage, ist das Ebenbild für eine Persönlichkeit, die das Schwert meistert, die spontan, bewußt und souverän mit dem »Schwert« umgehen lernt.

KÖNIGIN der SCHWERTER

Königin der Schwerter

REYNE ·D'ÉPÉE

Abbildungen: Karte Königin der Schwerter
Rider-, Crowley- und Marseiller Tarot (v.l.n.r.)

Die Schwerter stellen u. a. ein Zeichen der Rüstung,
des Bereitseins dar, ein Werkzeug, ein Mittel des Kamp-
fes und des Kriegs, der Verletzung und der Befreiung.
Die Schwerter auf den Tarot-Karten erscheinen von da-
her unter den (jeweils positiven und negativen) Aspek-
ten von:
- Mündigkeit, Selbständigkeit und Freiheit
- Verteidigungs- oder Aggressionsbereitschaft
- Ritterlichkeit, Autorität, Arroganz
- Schärfe, Zuspitzung, Härte
- Durchschlagskraft, Treffsicherheit, Know-how
  u. a. m.
Für Sie persönlich fließt alles das in Ihre Sichtweise der
Schwert-Karten mit ein, was Ihnen bewußt und unbe-
wußt zu den Schwertern einfällt (z. B. Rüstungspolitik;
Ritterfilme; Entscheidungen »auf Messer's Schneide«;
Ihre persönliche Situation, in der Sie sich jeweils damit

beschäftigt haben; u. a. m.). Diese persönlichen Assoziationen sind erwünscht, weil sie einen persönlichen Bezug zu den Symbolen herstellen und die schließliche praktische Umsetzung erleichtern.

Die mehr allgemeingültigen Bedeutungen der Schwerter folgen aus der Zuordnung zum Element Luft (vgl. S. 39), die sich im Laufe der Tarot-Geschichte eingebürgert hat. Auf der Ebene des Luftelements stellen die Schwerter *die Waffen des Geistes* dar: Denken, Vorstellungskraft und Wissen. Die Schwerter beziehen sich ursprünglich auf die Urteilskraft, auf die Fähigkeiten, sich ein Urteil zu bilden und das eigene Urteil zu vollziehen. Mit dem Schwert werden in diesem Sinne Bestimmungen, Unterscheidungen und Klassifizierungen vorgenommen. Mit der Aufgabe, zu unterscheiden, wachsen auch die Aufgaben, sich zu entscheiden und Erkenntnisse zu sammeln. Kurz, damit kommt das gesamte Luftreich des Geistes in Beziehung zur Schwerter-Symbolik.

Es ist nicht zu übersehen, daß die Schwerter in der Tarot-Literatur aus Vergangenheit und Gegenwart häufig nicht sonderlich beliebt sind. Da mischt sich ein neuzeitliches Unbehagen an der »Kopfarbeit« mit einer mißverständlichen alten Überlieferung des Christentums. Die Bibelstelle »Wer nach dem Schwert greift, wird durch das Schwert umkommen« dient als Argument einer Ablehnung den Schwertern gegenüber. Jedoch zu Unrecht. Dieses Bibelwort richtet sich gegen das Abtrennen eines Ohres (in der Situation, wo Jesus gefangengenommen wird). Nichts soll mit »Gewalt« unternommen und schon gar nicht soll das Verständnis (Ohr) abgeschnitten werden! Aber darum werden die Waffen des Geistes gerade benötigt.

Konkret stellen die Schwerter auf dieser Ebene Gedanken, Ideen und Begriffe dar. Die grundsätzliche Bedeutung der Schwerter aber liegt in der Frage nach der *Wirkung des menschlichen Geistes* – als Krone der Schöpfung oder als Gipfel der Entfremdung!

So verkörpert die Königin der Schwerter im Crowley-Bild eine Figur, welche ihre Maske abgenommen hat und also ihr Gesicht unverstellt präsentiert (eine Leistung, die umso bemerkenswerter erscheinen muß, als viele der Bildgestalten im Crowley-Tarot kein Gesicht oder nur schemenhafte Züge zu erkennen geben). Auf der anderen Seite stellt die Königin in demselben Bilde aber auch eine besonders grausame Herrscherin dar, die den abgeschlagenen Kopf eines Widersachers triumphierend in Händen hält. Die Königin im Rider-Bild trägt an ihren Handgelenken etwas Ringartiges, das als Schmuck oder aber als durchtrennte Fesseln gedeutet werden kann. Die Fesseln aufzutrennen, bedeutet hier dasgleiche, wie die Maske abzunehmen im Crowley-Bild: Wie nutzen wir also unsere Urteilskraft? Zur Unterdrückung oder zur Befreiung? Aufklärung und Emanzipation geben die eine mögliche Verwendung der »Schwerter«, der Waffen des Geistes und der Mündigkeit an. Aber auch zur Ausgrenzung und (geistigen) Vernichtung des Anderen lassen sich die Schwerter nutzen. Dem abgeschlagenen Haupt des Anderen, wie es im Crowley-Bild zu sehen ist, entspricht im Rider-Tarot die hier auffallende Haltung, die Seitenansicht der Königin der Schwerter. Diese läßt sich als besonders *profilierte* Selbstdarstellung dieser Symbolfigur (und des Waage-Typus insgesamt) interpretieren; jedoch schlimmstenfalls als eine geradezu zwanghafte Ausrichtung auf die jeweiligen selbstbezogenen Zielsetzungen der Königin der Schwerter (und des Waage-Typus insgesamt), welche keinen Raum, keine Zeit, keine Aufmerksamkeit für andere übrig läßt.

Freiheit des Anderen

Die Königin der Schwerter residiert hoch in oder mit dem Kopf über den Wolken und schaut in weite Ferne, wie es in der bekannten Liedzeile anklingt: »Über den Wolken muß die Freiheit wohl grenzenlos sein«. Die Grenzenlosigkeit der Erfahrungen macht jedoch Angst. Ob wir mit den eigenen Ängsten »richtig« umgehen oder nicht, wird hier zur maßgeblichen Bedingung für alles Übrige. Die Grausamkeit als eine Bedeutung der Königin der Schwerter entspricht dem Versuch, den (eigenen) Ängsten auszuweichen – und sie auf andere abzuleiten. An die Stelle der Auseinandersetzung mit dem Anderen (und damit auch mit dem Unbekannten und mit dem, was Angst bereitet) tritt die besagte Ausgrenzung oder sogar (geistige) Vernichtung des Anderen. Insofern werden die Freiheit des Anderen und seine Anerkennung zum Schlüssel jeder persönlichen Autorität und individuellen Freiheit.

Wenn die »Freiheit des Anderen« allerdings nicht zur bloßen Beliebigkeit, zu Nihilismus oder Gleichgültigkeit führen soll, so ergibt sich als große Aufgabe der Waage, die Freiheit des Anderen immer wieder als Herausforderung der eigenen Urteilskraft zu durchleben.

Wem die eigenen Werte und Urteile etwas bedeuten, wer sich also nicht selbst als Null ansetzt, der oder dem können völlig anders gewichtete Ansichten und Beurteilungen nicht gleichgültig bleiben, besonders in Fragen, die einer/m selbst am Herzen liegen. (Das Andere bleibt nicht mehr gleichgültig, wenn wir bereit sind, ihm grundsätzlich eine gleiche Gültigkeit zu geben!) Wenn dieses Andere jedoch nicht unterdrückt, durch Ablehnung oder Nichtbeachtung gestraft werden soll, so kommt es zu einer echten Betroffenheit durch das Andere. Die Dinge, die einer/m selbst ans Herz gewachsen sind, durch Anderes in Frage stellen zu lassen, ist eine ungemein belebende Herausforderung, eine wichtige Entwicklungschance. Einem anderen Menschen in seinem Zentrum zu begegnen, kommt jedesmal einer persönlichen Revolution gleich; Freiheit und Fruchtbarkeit der eigenen, wie auch der anderen Person werden dadurch jedesmal erneuert.

Diese Erneuerung symbolisiert u. a. der Kinder- oder Engelkopf, der im Rider-Bild auf dem steinernen Thron und im Crowley-Bild oberhalb der Königin enthalten ist. Die Schmetterlinge, welche den Kopf der Königin im Rider-Tarot umflattern (und ihre Krone darstellen) und die ebenfalls an ihrem Thron mehrfach zu erkennen sind, vertreten dieselbe Neugeburt (weil eine wirkliche Transformation vorausgeht, ehe die Schmetterlinge zu dem werden, was sie sind). – Wo allerdings (geistige) Auseinandersetzung und (praktische) Urteilsbildung vernachlässigt werden, dort können die Schmetterlinge auch Flatterhaftigkeit und Standpunktlosigkeit signalisieren, der »Kindskopf« schlichte Unreife oder mangelnde Erfahrung sowie das Engelgesicht ein unbegriffenes *Über-Ich*.

Erst einmal gehört eine Portion Mut dazu, Ängste anzunehmen, durch sie hindurchzugehen. Noch wichtiger jedoch erscheint in diesem Zusammenhang die Fähigkeit und die Bereitschaft, eigene, wirklich *ge-eignete*

Urteile zu ermitteln und zu vollziehen. Was ist richtig (richtungsweisend für die beteiligten Energien) an den eigenen Werten, was an denen der Anderen? Welche Wünsche sind persönlich verteidigenswert und welche nicht? Welche Ängste sind persönlich berechtigt und welche nicht? Wie sehen dieselben Fragen für den/die/das Andere aus, wie lassen sich dort Wünsche und Ängste, Absichten und Interessen genauer unterscheidn?

Neben dem Mut, sich überhaupt auf neue Erfahrung einzulassen, ist der selbständige Gebrauch des »Schwertes« tatsächlich die entscheidende Bedingung der persönlichen Freiheit – und einer glücklichen Verbindung von Liebe und Gerechtigkeit oder, was dasselbe ist, von weitreichender, ja grenzenloser Zufriedenheit.

Mit »Frieden« ist denn auch die nächste der Waage-Karten (im Crowley-Tarot) betitelt. Die drei folgenden Schwerter-Karten verdeutlichen Grunderfahrungen, Grundvoraussetzungen des selbständigen Einsatzes der Waffen des Geistes und der Freiheit.

Fantasie und »abstraktes Denken«

»Mond in Waage« lautet die astrologische Konstellation dieser Karte, welche im besonderen für die 1. Waage-Dekade (23.9.-2.10.) gültig ist. Der Mond vertritt in der Astrologie die wechselhafte, doch bestimmende Macht des Seelischen, des Gefühlslebens und des Unbewußten. Traditionell steht er in besonderer Beziehung zur Entwicklung von Weiblichkeit und Fraulichkeit (s. Karte »Die Herrscherin/Die Kaiserin«) sowie zur seelisch-unbewußten (sexuellen) Triebkraft,

 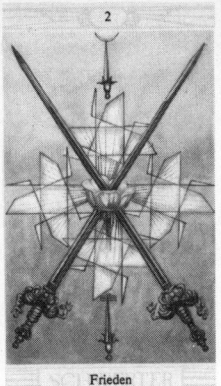 

Abbildungen: Karte Schwert 2
Rider-, Crowley- und Marseiller Tarot (v.l.n.r.)

zum Verlangen und zu den Bedürfnissen, welche als
»Libido« bezeichnet werden (s. Karte »Gerechtigkeit/
Ausgleichung«). Neben der Sonne – deren Stand im
Horoskop den Geburtstag angibt – ist der *Mond* die
wichtigste Kraft innerhalb des astrologischen Him-
mels; er bezeichnet die »andere« Wirklichkeit eines
Menschen. (In verschiedenen Regionen Deutschlands
wurde und wird alljährlich der Namenstag in gleicher
Intensität wie der Geburtstag gefeiert. In diesem Brauch
kommt die große Bedeutung des »Mondes« zur Gel-
tung. Während der Geburtstag die besondere Existenz
und Individualität eines Menschen herausstellt, so der
Namenstag die Bedeutung und die Bestimmung einer
Persönlichkeit.)

Aus der Konstellation »Mond in Waage« mag nun
wesentlich mehr herausspringen als »Frieden«, wie der
Crowley-Titel besagt. Wie bei fast allen Karten, so ist

auch hier der aufgedruckte Untertitel im Crowley-Tarot für sich genommen nicht unzutreffend, als *alleinige* Bezeichnung aber irreführend. »Mond in Waage« bedeutet: Die Macht der seelischen Bedürfnisse und Triebkräfte wirkt im Bereich der geistig ausgleichenden und (aus-) richtenden Waage. Wenn die Inhalte und Anforderungen des Unbewußten also ins Bewußtsein einströmen, hängt alles von der Qualität der persönlichen *Verarbeitung* ab, ob und wie Bewußtes und Unbewußtes sich wechselseitig verstehen und vertragen können. Die Spannbreite möglicher Verhaltensweisen ist hier sehr groß. Sie reicht im ungünstigen Falle von der Hysterie über Angstgefühle und Gleichgewichtsstörungen bis zur konsequenten Verschlossenheit und Abwehr dem Unbekannten gegenüber. Im glücklichen Falle erstreckt sich die Skala von staunender Bewußtwerdung über eine flexible Aufmerksamkeit und verstärkte geistige Aktivität bis hin zu einer weitgehenden Auseinandersetzung mit dem Unbekannten und einer ebenso weitreichenden Ausdehnung des persönlichen Erfassungsvermögens (und damit des Geltungsbereiches der eigenen Urteilskraft).

Diese unterschiedlichen Möglichkeiten lassen sich in der Rider-Karte bildlich nachvollziehen. Die Figur kann wie mit Blindheit geschlagen sein, sie verschließt sich in Unentschiedenheit oder Unnahbarkeit. Sie versteht insoweit die Welt nicht mehr oder noch nicht, solange ihre mondhaften (unterschwelligen, stimmungsvollen) Erfahrungen keine bewußte Annahme oder Ausrichtung gefunden haben. Andererseits knüpft die Bildfigur aber an die alte Mythengestalt des »blinden Sehers« an: Wenn man bei seinen Gefühlen und seelischen Empfindungen (Wasser, Mond) verweilt und seine Gedankenwelt (Schwerter) darauf aufbaut oder darauf bezieht, reicht man in Vorstellungsbereiche hinein, welche den Augenschein bei weitem übersteigen. »Mit verbundenen Augen« kann im übrigen auch heißen, daß die Augen miteinaner verbunden sind. Das heißt, mit links und rechts zu denken, Widersprüche zu ertragen, zu vereinen, zu pflegen und auf die Spitze zu treiben. Die beiden Schwerter ermessen die Spannbreite des ganzen Bildes und sind zugleich verschränkt, finden ihre Mitte in der Brust der Person, die selbst die Polarität von Land und Meer, von Instinkt und Zivilisation bewahrt und ausbalanciert.

So gibt die Karte auch ein Sinnbild für abstraktes Denken und für Fantasie, eine erste Grunderfahrung bei der Meisterung der Schwerter.

Bewußtwerdung

Eine zweite Grundvoraussetzung besteht in Lernprozessen, die zu Klärung und Durchblick führen.

Das Rider-Bild mit den drei Schwertern inmitten des Herzens ruft vielfach als erstes den Eindruck von Kummer, Leid, Verletzung usw. hervor, und diese Bedeutungen kann die Karte auch besitzen. Weniger bekannt, aber nicht weniger wichtig ist es jedoch, das vorliegende Bild nicht nach dem ersten Augenschein, sondern sinngemäß zu beurteilen. Schwerter bedeuten im Tarot grundsätzlich die »Waffen des Geistes«. Sie berühren und durchdringen das Herz, was somit besagt: Geist und Gemüt, »Kopf« und Herz treffen sich in einer gemeinsamen Mitte. Die Gedanken dringen überhaupt bis zu dem vor, was das Herz empfindet. Und was zu-

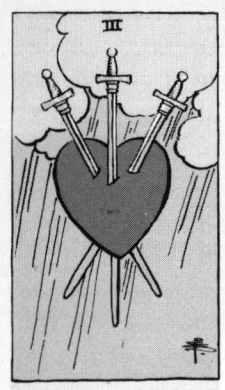

Abbildungen: Karte Schwert 3
Rider-, Crowley- und Marseiller Tarot (v.l.n.r.)

nächst intuitiv im Herzen erfaßt ist, kann sich bewußt nach außen artikulieren.

»Wenn Du die Schwerter meisterst, erlaubst Du ihnen, Dein Herz zu berühren, erlaubst Du Dir, ›mit dem Herzen zu denken‹. Innen und außen, Kopf und Gefühl haben hier ihre Schnittstelle (interface). Was im Herzen intuitiv erfaßt ist, muß sich auch differenzieren und ausdrücken können. In Deinem Herzen finden sich Deine Gedanken, Begriffe und Vorstellungen geordnet und aufgehoben, wenn Du sie hier auf den Punkt bringst. Das Bild läßt sich ferner so deuten, daß die Schraffuren nicht Regen, sondern einen Spiegel darstellen; die Wolken sind dann keine Regenwolken, sondern ein Nebel (eine Betäubung, eine Sucht), der sich lichtet. Die Karte weist damit auf einen Punkt des inneren Zusammenhaltes, auf das, das Körper und Geist zusammenbringt« (aus: Tarot – Andere Wege im Alltag).

Ein gleiches gilt für das Crowley-Bild: Wie die zwei *Schwerter* vom Bild her nicht nur »Frieden«, sondern sicherlich auch Zwietracht bedeuten, so zeigen die *drei Schwerter* zwar »Kummer« an, aber ebenfalls eine offenbarende Einsicht, das glückliche Zusammentreffen verschiedenartiger Gedanken und Argumente. Eine Verständigung nach Maß, die ihr Ziel erreicht. Die Karte kann auf der einen Seite einen zerstörten Spiegel anzeigen, von dem nur noch Scherben übrig sind – in der üblen Bedeutung von Identitätsverlust und -zerstörung oder aber in der ebenfalls angebrachten Interpretation, daß der zerbrochene Spiegel wiederum (wie bei der Schwert-Königin) eine Beseitigung von Masken, Spiegeln, Kulissen und vordergründigen Images bedeutet und also den Blick auf Wesentliches freimacht.

»Saturn in Waage« – die Konstellation, in welcher Saturn erhöht und besonders wirksam ist und die für das gesamte Tierkreiszeichen Waage gilt – ist speziell noch einmal dieser Karte sowie der 2. Waage-Dekade (3.-12.10.) zugeordnet. »Saturn in Waage« stellt die Aufgabe, in laufenden Angelegenheiten wirkliche Klarheit und eine genaue Einsicht zu erzielen. Eine gute Zeit, um »Nüsse« zu knacken.

Imagination und Bildungskraft

Imagination bedeutet die Fähigkeit, sich Bilder auszumalen und aus vielen Informationen ein Bild zu formen. Imagination ist ein intensiver geistiger Prozeß, dessen Schattenseiten darin bestehen können, daß man sich etwas womöglich nur einbildet oder daß die eigene Lebendigkeit allzusehr kalt gestellt wird. Immerhin läßt

Abbildungen: Karte Schwert 4
Rider-, Crowley- und Marseiller Tarot (v.l.n.r.)

sich die waagerechte Gestalt im Vordergrund des Rider-Bildes auch als eine Art Sarkopharg sehen.

Im guten Sinne zeigt sie jedoch einen Prozeß der geistigen Konzentration, des inneren Friedens und der traumhaften Klarheit. Auch besondere Drucksituationen können damit bewältigt werden. Das Fenster (links oben im Rider-Bild) zeigt, wie sich aus vielen MosaikSteinen ein ganzes Bild zusammensetzen läßt. Über dem Kopf der Frauengestalt (am linken Bildrand, innerhalb dieses Mosaiks) steht das Wort »PAX« – Frieden geschrieben: »Wenn Du über Dich hinaus gesehen hast, / Wirst Du vielleicht finden, daß tiefer Frieden auf Dich wartet. / Und die Zeit wird kommen, da Du einsiehst, wir sind alle eins, / Und das Leben fließt in Dir und ohne Dich« (aus einem Beatles-Song).

Frieden des Bewußtseins und Frieden durch Bewußtsein zählen mit zu den schönsten Qualitäten der Waage.

Diese kann es sich unnötig schwermachen, wenn sie ihren himmlischen Blickpunkt und ihre irdische Fruchtbarkeit vernachlässigt. Sie vermag aber durch ihre Eigenart, jeder Kraft eine Gegenkraft entgegenzusetzen, eine derartige Ausgeglichenheit der Gewichte zu erzielen, daß der Druck in der Mitte denkbar gering wird: Es entsteht eine traumhafte, fast schwerelose Leichtigkeit – Voraussetzung für eine unbedrückte Urteilskraft und ein pilotenhaftes Steuerungstalent.

»Jupiter in Waage« (zuständig im besonderen für diese Karte sowie für die 3. Waage-Dekade vom 13.-22.10.) gibt Ihnen starke geistige Kräfte. Entspannen Sie sich und nutzen Sie diese.

Tarot-Kartenlegen

Zum Tarot-Kartenlegen gehört die Symboldeutung, aber auch der Mut, den Gefühlen und den manchmal unbekannten Wirklichkeiten der eigenen Person ins Auge zu schauen. Man beginnt am besten mit der »Tageskarte«. Morgens oder abends wird täglich oder doch einigermaßen häufig eine Karte gezogen – als Symbol, als Motivierung oder als besinnlicher Reflex des persönlichen Tagesgeschehens. Die Bedeutungen dieser Tageskarten sollen zunächst individuell und intuitiv erfaßt werden. Später können zusätzliche Interpretationen aus der Tarot-Literatur zu Rate gezogen werden. Zwei (der zahlreichen) Muster für das weitere Tarot-Kartenlegen:

$$\boxed{2} \quad \boxed{1} \quad \boxed{3}$$

1 – Aktuelle Situation
2 – Vergangenheit oder das, was schon da ist
3 – Zukunft oder das, was neu zu beachten ist.

$$\boxed{5}$$
$$\boxed{2} \quad \boxed{1} \quad \boxed{3}$$
$$\boxed{4}$$

1 – Schlüssel oder Hauptaspekt
2 - Vergangenheit oder das, was schon da ist
3 – Zukunft oder das, was neu zu beachten ist
4 – Wurzel oder Basis
5 – Krone oder Chancen.

Zum praktischen Vorgehen:

- Benutzen Sie alle 78 Karten eines Tarot-Spiels. Die Sitte, nur 22 Karten zu verwenden, stammt aus der Zeit von vor 1910, als für nur 22 Karten (die sog. Großen Arkana) Bilder existierten. Heute ist die generelle Beschränkung nicht mehr sinnvoll.
- Überlegen Sie sich Ihre Frage, die Sie nun an die Tarot-Karten richten möchten. Für die Art der Frage gibt es keine zwingenden Ge- und Verbote.
- Wichtig ist zu wissen: Die Karten wirken wie ein Spiegel. Sie können Fragen über zweite und dritte Personen stellen. Die Antwort der Karten schließt dabei stets Ihr Verständnis und Ihr Verhältnis zu diesen Personen mit ein. Wenn Sie Fragen über andere Personen stellen, sind dennoch auch Sie selbst mit im Spiel.
- Mischen Sie die Karten, wie Sie es gewohnt sind. Alle verpflichtenden Vorschriften (Kartenziehen mit links; Mischen durch Rühren auf dem Tisch usw.) sind Humbug. Nichts gegen ein persönliches Ritual. Aber keine verpflichtenden Vorschriften.
- Legen Sie nach einem Legemuster aus, das Sie zuvor ausgewählt haben. Sie können dazu Legemuster aus der Literatur benutzen, aber auch eigene entwerfen (vor einer Kartenbefragung).
- Ziehen Sie die Karten, wie Sie es gewohnt sind. Legen Sie sie verdeckt in Form des Legemusters vor sich hin.
- Die Karten werden dann (im Normalfall) *einzeln* aufgedeckt. Erst wenn die Betrachtung und Interpretation einer Karte beendet ist, soll die nächste aufgedeckt werden.

- Alles, was während einer Kartenbefragung geschieht, kann zum Inhalt der gesuchten Antwort gehören.
- Die Antwort auf Ihre Frage geben *alle* Karten einer Auslage zusammen.

Eine Auslage, die sich besonders für das Tierkreiszeichen Waage empfiehlt:

»Das Schwert«

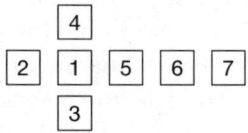

1 – Der Kern der Sache
2 – Ihr Ansatzpunkt
3 – Ihre Basis und Stütze
4 – Ihre Chance / Was Ihnen zu Hilfe kommt
5 – Ein Problem wird gelöst
6 – Ein Wunsch geht in Erfüllung
7 – Neue Erkenntnis / Neues Verständnis

Freiheit – aushalten und gestalten

Die Waage in der Traumdeutung

Wie sich inzwischen herumgesprochen hat, träumt *jeder* Mensch im Schlaf während verschiedener Traumphasen. Nur die Erinnerungsfähigkeit und die persönliche Bereitschaft, seinen Träumen einen Platz im Tagesbewußtsein einzuräumen, sind sehr unterschiedlich ausgeprägt. Wie die Gedanken sich in einem permanenten Fluß befinden, so zieht auch an unserem inneren Auge, nie gänzlich unterbrochen, ein Strom von Bildern entlang. Die Nachtträume stellen nur einen ausschnittsweisen Teil dieser ständigen inneren Bilderwelten dar.

Psycholog(inn)en haben im Experiment herausgefunden, daß ein konsequenter Traumentzug innerhalb von wenigen Tagen zu schweren Persönlichkeitsstörungen führt. Mittels des EEG und anderer Meßinstrumente kann ein äußerer Beobachter feststellen, wann ein Mensch im Schlaf zu träumen beginnt. Hindert man ihn nun am Träumen (»nur« am Träumen, nicht am Schlafen) treten am Tage Bewußtseinsstörungen und Halluzinationen auf. Wird der Traumentzug fortgesetzt, kommt es zu Depressionen. Spätestens nach etwa einer Woche andauernden Traumentzuges erfolgt ein seelischer Zusammenbruch. – Träume, so das Ergebnis, sind unerläßlich und unersetzlich.

Träume als Zeichen der Bewußtwerdung

Die Deutung der Träume (von erinnerten Nachtträumen sowie von frei assoziierten Wachträumen) war für Freud der »Königsweg zur Kenntnis des Unbewußten im Seelenleben«. Er prägte den Begriff des Unbewußten, dem sich später durch Carl Gustav Jung die Begriffe des kollektiven Unbewußten und des Komplexes anschlossen. Wer sich in der Folgezeit mit Traumdeutung beschäftigte, hat sich im großen und ganzen an die Vorstellung gewöhnt, Träume seien *Ausdrucksformen des Unbewußten und des Seelenlebens*. Doch eben diese Vorstellung scheint heute zu eng zu werden.

Wenn wir schlafen (oder in einem Wachtraum ruhen), »schläft« das Gehirn nicht, sondern es pulsiert weiter und produziert u. a. die Träume. Das Gehirn ist dabei sowohl ein System für sich wie auch eine Art Rechenzentrum, Marktplatz, Spiegelbild – ein zusammengefaßter Ausdruck für die Ereignisse in und um den betreffenden Menschen. Wenn wir die Gehirntätigkeit aber, wie üblich, den menschlichen Bewußtseinsfunktionen zuordnen, so ist es nicht das Unbewußte, sondern das Bewußte, welches die Träume herbeiführt.

Sicherlich verändert das Gehirn einzelne seiner Funktionsweisen zwischen Wach- und Schlafzustand. Aber auch zwischen verschiedenen Stufen der Wachheit modifiziert es seine Abläufe. Im Prinzip aber bleibt sich die Gehirntätigkeit gleich, ob wir superwach, normalwach, müde oder schlafend sind. Das dabei unveränderte Prinzip ist: Die Gehirntätigkeit gehört zu den Existenzbedingungen des Menschen. Sie ist zeitlebens da wie das Atmen. Menschliche Gehirntätigkeit bedeutet Bewußtseinsfähigkeit und geistige Aktivität (eine inhaltliche insoweit unbestimmte Aktivität). Die Symbolik des »Luft«-Elements beinhaltet ja bereits diese doppelte Bedeutung. Luft ist Atemluft und geistige Energie. Das eine wie das andere ist eine Lebensnotwendigkeit der Spezies Mensch. Ohne Atem kann sie nicht existieren, und ohne geistige Aktivität kommt es zu einem Stromausfall im Menschen, zu einem »black out«, zu einem Nervenzusammenbruch oder anderen Schädigungen. Das völlige Fehlen von geistiger Aktivität bedeutet dasselbe wie das Ausbleiben des Atems – nämlich den Tod. »Dum spiro, spero« sagten die alten Römer(innen), »solange ich atme, hoffe ich« (wobei hoffen heißt, sich in einer geistigen Spannung zu befinden: »Solange ich atme, fließt in mir geistige Energie«). »Alle Lebewesen sind beseelt, nur der Mensch ist außerdem noch be-geistet« (Wilhelm Unger).

Der Unterschied zwischen Tag und Traum liegt nicht unbedingt im Wechsel zwischen Bewußtem und Unbewußtem. Auch im Tagesgeschehen ist Unbewußtes wirksam. Eine Bewußtseinsfähigkeit ist im Wachen wie im Schlafen gegeben – eben durch die fortdauernde Gehirnfunktion; was sich aber ändert, ist der Gebrauch, den wir von dieser geistigen Grundaktivität machen. Im Wachzustand richten wir sie auf *bestimmte* Ziele und Entscheidungen aus. Im Schlaf- oder Traumzustand ist demgegenüber die geistige Aktivität letztlich sich selbst überlassen, sie ist absichtslos, unbestimmt und – vage. Der Unterschied zwischen Tag und Traum liegt demzufolge eher in der Organisationsform, in der *Gerichtetheit* des Bewußtseins.

Traumsymbole für das
Tierkreiszeichen Waage

Aggression: S. »Gewalt/Brutalität«. – Die Aggression stellt einen Angriff oder Übergriff dar, welcher nicht nur unter dem Gesichtspunkt von Abwehr und Vermeidung gedeutet werden sollte. Eine Aggression stellt (im Traum) möglicherweise auch eine Form der Annäherung, einen Akt des Sich-Einlassens dar (ähnlich wie der *Zweifel* nicht nur Distanz, sondern auch Annäherung an einen Menschen oder an einen Sachverhalt bedeuten kann und ähnlich wie die *Auseinandersetzung* ebenfalls einen Akt der Zuwendung und der Liebe darstellen kann, vgl. Stichwort »Beifall«).

Alter: Der Umgang mit alten Menschen und dem eigenen Altwerden stellt für das Tierkreiszeichen Waage ein besonderes Prüfkriterium dar. Auf der einen Seite fasziniert sie ein reiferes Alter, sofern dieses eine ausgebildete Lebenserfahrung und gediegene Urteilskraft verkörpert. Die Faszination ist um so größer, als das persönliche Selbstverständnis noch nicht ganz entwickelt ist. Auf der anderen Seite fürchtet die Waage das Altwerden ebenfalls in dem Maße, wie sie ihr Eigenes noch sucht. – Die Traumbilder von alten Menschen (möglicherweise auch von alten Dingen) beziehen sich auf ein Kernthema der Waage: Was wiegt im Leben? und: Wo will ich hin? – Die Traumdeutung fordert zu einer (verbesserten) Klärung des Selbstverständnisses auf. In der Praxis geht es darum, sich mit *allen* Hoffnungen und Ängsten selbstverständlicher *so* zu nehmen und so zu geben, wie man/frau ist.

Anales: Typisches Tabu-Thema der Waage und wie alle Tabus möglicherweise auch ein besonderes Reizthema. Zu prüfen ist insbesondere, ob Sie sich in irgendeiner Weise zuviel Zwang antun oder aber zuwenig Anforderungen an sich selber stellen.

Anders: Auch das Andere, Anderswo, Anderland, Jenseits, der/die/das Alternative oder Fremde, der und die Andere usw.: Anfangspunkt der Waage. Die Begegnung mit dem Anderen ist Ausgangssituation jeder Bewußtseinsbildung. – Die Erfahrung von Andersartigem und Befremdlichen jeder Art spiegelt im Traum wie im Alltag das Bedürfnis oder die Aufgabe, sich der persönlichen Situation bewußter zu werden. Das gilt z. B. für praktische Erfahrungen und für Traumbilder mit »Ausländern«. Auch: Das Andere als Daueropposition gegen das »Normale« sowie als notorischer Zweifel, falls die Begegnung von Üblichem und Fremden nicht zum (verbesserten) Verständnis des eigenen Wesens führt.

Angst: Wörtlich von *angustus* – »eng«. Zu enge Vorstellungen (von einer bestimmten Person, vom Leben im allgemeinen usw.) sind ein Hauptfaktor der Angst, ebenso die Empfindung, »in die Enge« getrieben zu werden. – Weil sie eine Sehnsucht nach Autorität und Freiheit besitzt, ist die Waage besonders sensibel, was Enge und Ängste anbelangt. Gleichzeitig besteht eine ihrer wesentlichen Stärken darin, *neue* Vorstellungsweisen, neue geistige Räume zu erkunden, was u. a. voraussetzt, daß ihr wieder und wieder bewußt wird, wie sehr sich (bisherige) Vorstellungen und Verhältnisse (inzwischen) als zu eng erweisen. Die Angst gehört daher zu den Grunderfahrungen der Waage (und anders ausgedrückt: Dort wo wir Angst erleben, werden wir besonders auf die Waage in uns und auf deren Bedeutung hingewiesen). Ängste zu verspüren, sie durchzuarbeiten und aufzuheben – dieses ist eine Lebensaufgabe für die Waage, zugleich auch eine ihrer wertvollsten Berufungen, mit deren Verwirklichung sie sich selbst und ihren Mitmenschen ein außergewöhnliches Maß an Lebensfreude bereiten kann. – Traumsequenzen wie auch Alltagsereignisse mit Angsterfahrung müssen im einzelnen unter Würdigung der gesamten Waage-Thematik und gemäß den Zielpunkten »Liebe und Gerechtigkeit« beobachtet werden. Wichtigste Bedingung der Aufhebung von unnötigen und unberechtigten Ängsten ist der selbständige Gebrauch der »Waffen des Geistes und der Mündigkeit« (vgl. die »Königin der Schwerter« im Tarot, S. 70 ff.).

Beifall: Ausdruck des Strebens nach Anerkennung. (1) Sie sollten sich und andere mehr loben. (2) Sie wünschen, daß man sich mit Ihnen auseinandersetzt. Sorgen Sie dafür! (3) Auch *Streiten* kann verbinden.

Dominanz/Unterwürfigkeit: Im Traum Ausdruck von Problemen mit der Selbst-Beherrschung und der Selbst-Bestimmung, wie sie für die Waage in uns typisch sind. *Selbst-Beherrschung* soll hier vor allem als die Kunst, für sich selbst zu herrschen, König oder Königin im eigenen Reich zu sein, selbst Dinge zu bestimmen und zu bewirken, verstanden werden. Bis im Inneren der Waage-Persönlichkeit die wichtigsten Interessen zu einem Ausgleich und einem gleichberechtigten Dasein gefunden haben, solange fällt ihr auch nach außen, im Zusammenleben eine Gleichberechtigung oft schwer;

das Eigengewicht der eigenen oder einer anderen Person wird insoweit vernachlässigt.

In Szenen aus betrieblichen und sonstigen *Hierarchien* sowie in Traumbildern von sexueller Dominanz und Unterwürfigkeit kann sich die Suche der Waage nach ihrem persönlichen Koordinatensystem, nach den wirklichen Bezugspunkten ihres Lebens niederschlagen. – Sadismus und Masochismus gehören zu diesem Themenkomplex; sie erfordern wiederum viel »Liebe und Gerechtigkeit«, einschließlich Selbstliebe und Selbstkritik, damit die oben beschriebene *Selbst-Herrschaft* und die Fähigkeit zur *Selbst-Bestimmung* nicht verloren gehen, sondern sich entwickeln und stärken können (vgl. auch Stichwort »Gläubigkeit).

Familie: Für die Waage von größerer Bedeutung als für die meisten Tierkreiszeichen. Alle *selbstverständlichen* Gruppenzugehörigkeiten (wie eben Familie, aber auch Schulklasse, Berufsgruppe u. a.) stellen insbesondere solange einen maßgeblichen Spiegel der Waage-Persönlichkeit dar, wie sie ihr positiv-eigenes *Selbstverständnis* noch sucht oder nicht besitzt. – Im Traum wie im Alltag in der ganzen Spannweite der Waage-Symbolik zu deuten.

Filter: In jeder Form ein Waage-Symbol (vgl. S. 29/30 sowie Stichwort »Gläubigkeit«).

Fliegen: (1) Das Fliegen: Bedeutet für die Waage, das Luftreich, die Welt des Geistes zu erkunden und sich heimisch zu machen. Luft als Symbol des Geistes. Fliegen als Bild der Ekstase und der Höhenflüge. Oder aber als Bild der Abgehobenheit und der Entfremdung zur menschlichen Natur. Auch: Angst, zu landen sowie sich festzulegen.

(2) Die Fliegen: Symbol des Vagen und Unscheinbaren, welches in der Luft liegt. In der Traumdeutung ist zwischen lästigen Kleinigkeiten und bedeutungsvollen winzigen Anhaltspunkten zu unterscheiden, welche sich hier *in der Luft* bemerkbar machen. Die Dinge über den »Luftweg« zu sich kommen zu lassen, ist die Hauptwahrnehmungsweise der Waage. Die Fliegen stellen im Traum nicht nur »Mistfliegen« dar, sondern auch Hinweise auf neue Möglichkeiten und neuartige Chancen, welche im Anflug sind.

Flughafen: Ausgangs- und Zielpunkt der Waage. Im Traum u. a. mit Hoffnungen und Ängsten zu Fragen von »Start und Landung«, d. h. in bezug auf die Verbindung von Bodenständigkeit und geistiger Beweglichkeit. Das Fliegen (s. o.) als Dauereinrichtung. Reisefieber. Welterfahrung. (Vgl. auch S. 40 zum Stichwort »Luftraum«).

Freiheitskampf: Ringen um Mündigkeit und Unabhängigkeit. Auch: Abwehr jeglicher Verpflichtung. Aufgabe, sinnvolle Vereinbarungen zu treffen. – Zu beachten ist, *wer* im Traum um wessen Freiheit oder Befreiung kämpft.

Friedenstaube: Wie die selige »Möwe Jonathan« bezeichnend für die Waage in uns; in ihrer Bedeutung diesem Tierkreiszeichen weitgehend ähnlich. Vgl. Stichwort »Versuchsballon«.

Friseur/in: Die Frisur entspricht symbolisch u. a. dem persönlichen Selbstverständnis. Die Arbeit an der Frisur zeigt (nicht nur im Traum) möglicherweise Veränderungen des Selbstverständnisses an.

Gesang: Bewußtes und Unbewußtes treten gemeinsam in Aktion, Körper und Geist (Luft) wirken zusammen. In allen Formen, von Mißton bis Oberton, Ausdruck der Waage-Thematik, die Polaritäten von Körper und Geist zu überbrücken. Auch: Vermeidung einer genaueren Unterscheidung oder Auseinandersetzung zwischen Sinn und Sinnen.

Gewalt/Brutalität: In aktiver und passiver Form eines der kennzeichnenden Waage-Traumthemen. Je mehr der Waage-Typus im Alltag die direkte Konfrontation scheut, umso überraschender und nachhaltiger kann sich die Traumbegegnung mit unmittelbarer Gewaltanwendung gestalten.

(1) Die Traumerfahrung kann bedeuten, daß Sie sich von Gewalt und Rohheit übermäßig *bedroht* fühlen. In diesem Falle ist es wichtig, sich selbst besser zu behaupten und die eigenen aggressiven Impulse vermehrt auszuleben. Diese werden erst dann gefährlich, wenn Sie sie ganz zu leugnen versuchen. Die Erfahrungen von Bedrohung und Angst können auch Ausdruck von (heimlichen oder unbewußten) Neigungen zur Selbstbestrafung oder zur Selbstquälerei sein.

(2) Ebenfalls kann sich in diesen Traumbildern eine besondere *Faszination* von Gewalt und Aggression äußern. Möglicherweise werden Sie dadurch auf einige selbstzerstörerische Aspekte Ihres Verhaltens aufmerksam. Die Traumsymbolik könnte jedoch auch zu einer Selbstkritik einladen: Sind Sie wirklich so friedlich, charmant und heiter, wie es dem Waage-Types in der

Regel zugeschrieben wird? Können nicht gerade auch in Ihren »lieben und netten« Verhaltensweisen überaus aggressive Züge enthalten sein? Einer, der es wissen muß – die »Waage« Friedrich Nietzsche, bemerkte einmal: »Man hat schlecht dem Leben zugeschaut, wenn man nicht auch die Hand gesehen hat, die auf eine schonende Weise – tötet«.

Diese verkappten, oftmals schwer durchschaubaren Gewaltsamkeiten, – Brutalitäten, die mit freundlicher Gebärde ausgeübt werden –, mögen sie zwar beunruhigen, vielleicht aber auch faszinieren. In diesem Falle kommt es darauf an, einen positiven, bewußten Begriff der eigenen Stärke und Schönheit zu entwickeln: Die eigene Aggressivität und Zielstrebigkeit nicht gegen andere, sondern *für sich* einzusetzen, damit Sie Ihre Bedürfnisse wirklich befriedigen und Ihren Alltag dementsprechend organisieren können.

(3) Grundsätzlich deutet die Gewaltthematik auf alte (seelische) Wunden sowie auf wesentliche Lektionen des Lebens, die man schon oder noch nicht gelernt hat. Wie beispielsweise bei der Karte »Schwert 3« im Tarot (vgl. S. 80) gilt es auch bei diesen Traumbildern genau zwischen zerstörerischer Grausamkeit und heilsamer Unmittelbarkeit zu unterscheiden.

Gläubigkeit: Als Waage-Thema kommt zwar auch die religiöse Gläubigkeit in Betracht, besonders die »gesetzmäßige«, die kirchlich geregelte Gläubigkeit sowie eine »extravagante«, z. B. eine kirchenoppositionelle Gläubigkeit. Ein noch bedeutenderes Feld der Lebenserfahrung und der Traumsymbolik stellt für die Waage jedoch die *profane Gläubigkeit* dar, wie sie sich im Vertrauen auf Gewohnheiten, auf das, was man vom

Hörensagen weiß, oder auf Spekulationen äußert. Die entscheidende Begabung der Waage liegt in ihrer Vorstellungskraft. Diese kann zur Bewußtwerdung führen und ist insoweit ein kostbares Talent. Ohne Bewußtwerdung oder bei unzureichender Bewußtseinsarbeit aber können die eigenen Vorstellungen der Waage-Persönlichkeit nicht nur einen Streich nach dem anderen spielen, sie können sich wie ein Filter *zwischen* die eigene Wahrnehmung und die Wirklichkeit schieben. Dieser Filter, dieses Raster im Kontakt zur Wirklichkeit (bzw. zu den Wirklichkeiten) stellt auf der einen Seite einen möglichen Kunstgriff der geistigen Freiheit dar; andererseits jedoch die berühmten »Schuppen vor den Augen«.

Diese Gläubigkeit zu verlieren, ist wünschenswert, denn diese stellt die Kehrseite der Angst dar (vgl. Stichwort »Angst«). Enttäuschungen, Überraschungen und Verblüffungen bis zur Sprach- und Ausdruckslosigkeit sind zwar immer wieder die Folge, wenn eines Tages – oder eben in einer Nacht und im Traum – die »Schuppen«, die Masken oder Kulissen hinfällig werden und eine vormalige Gläubigkeit sich als haltlos erweist; aber zugleich geht damit auch ein Stück bisheriger Angst und Enge verloren.

Unglaubliches, verblüffende Ereignisse in Traum- und Alltagsleben sollten daher auf ihre spezielle Bedeutung hin befragt werden; dahinter steht jedoch oft auch das allgemeinere Thema der Vorstellungskraft, welche die Waage regelmäßig reinigen und klären muß.

Gruppe: Gruppenleben, Gruppentherapie usw. – s. »Familie« und »Kameradschaft«.

Hafen: Dieser sowie die Hafenstadt sind typische Waage-Symbole (vgl. S. 21). Gleichbedeutend mit dem »Happy end«.

Judo/Aikido: Wegen der Arbeit mit der Energie des Anderen (zu eigenen Erfolgszwecken) bezeichnend für das Tierkreiszeichen Waage.

Kameradschaft: Ausdruck der Begabung der Waage, Gemeinsamkeit zu stiften und sich daran zu erfreuen; doch ebenso Kennzeichen von mangelnder Individualität oder von beeinträchtigten Beziehungen zu Nicht-Gleichgesinnten.

Kosmetik: Körperpflege als ein Kennzeichen des bewußten Umgangs mit der (eigenen) Natur. Oder als Pflege des »Oberflächlichen«. Bedürfnis nach (mehr) Körperkontakt und/oder geistiger Auseinandersetzung.

Kulturelles: Kulturveranstaltung, Kulturgruppe, Kulturarbeit usw.: Kultivierung der persönlichen Talente und Leidenschaften wird gesucht und erprobt oder aber kompensiert. Wunsch nach (mehr) Lebendigkeit und intensiver Lebenserfahrung oder auch Suche nach geeigneten Lebenszielen und -aufgaben.

Pornografie: Die persönliche, »genitale« Sexualität besitzt einen Selbstzweck. Das bedeutet, die Sexualität hat ihre Zwecke in sich, ihre eigenen Werte (wie Kraft, Lust und Stärke); und zugleich ist *ein* Zweck der Sexualität die *Herausbildung* des Selbst. Zu seinem Selbst, einer kraftvollen persönlichen Lebensmitte aber gelangt der Waage-Typus oftmals erst, wenn er sein Eigenes nach langen Wegen der Erfahrung gefunden hat. In der Zwischenzeit bleibt die Sexualität oftmals sich selbst überlassen. Der Waage-Mensch vernachlässigt sie, oder aber er beschäftigt sich übermäßig damit. Die Pornografie ist ein typisches Waage-Thema, nicht nur im Traum. Sie zeigt ein Bedürfnis nach (und ggf. die Angst vor) mehr Lebensfreude, einem bewußten Umgang mit dem Unbewußten – der Kultivierung der persönlichen Talente und Leidenschaften.

Regenbogen: Vor allem ein »Fische«-Symbol. Astrologisch verläuft aber die sogenannte Schicksalslinie (Quincunx) von der Waage zu den Fischen: Ausdruck der Waage-Sehnsüchte nach Erlösung und umfassender Geborgenheit, nach einem kreativen und bunten Leben.

Schönheit: Wie im Märchen die Schönheit ein anderer Ausdruck für Wahrheit ist, so heißt Schönheit für die Waage vor allem *Aufrichtigkeit*. Das bedeutet hier, die Tatsachen und Begebenheiten des persönlichen Lebens so auf- und auszurichten, daß das Innere im Äußeren eines Menschen sich darstellen kann und daß das Äußere im Inneren verankert ist. – Im Traum bedeuten Bilder des Schönen und der Schönheit eine Hinwendung zum eigenen Selbst oder zur Welt in Liebe und Gerechtigkeit.

Schönheitspflege: Wie die Gerechtigkeitspflege ein kennzeichnendes Waage-Attribut. Ausdruck oder Ersatz der Liebe zum Leben und zu sich selbst.

Seitensprung: Auch für das »Fremdgehen« kann im Alltag wie im Traum die Bedeutung des »Anderen« gelten, aus dem Gewohnten *und* dem bisher Fremden ein neues Verständnis des *Eigenen* zu filtern. Allerdings bedeutet die *Ehe* im traditionellen Verständnis ebenfalls eine Verbindung mit dem Anderen, vom Standpunkt des autonomen Individuums aus quasi einen permanenten Seitensprung oder eine fortdauernde Liaison mit dem Anderen (vgl. Stichwort »Anders«).

Spiegel: *Das* typische Symbol für das Tierkreiszeichen Waage insgesamt mit seinen Stärken und Schwächen. – In der Traumdeutung zusätzlich: »Durch einen Blick in den Spiegel können Sie auf all das gestoßen werden, was Sie zu verbergen suchen. Sie würden die Maske sehen, die Sie den anderen Menschen vorspiegeln und hinter der Sie Ihr wirkliches Wesen verbergen. Nicht daß Sie nur oberflächlich eine Rolle spielen – es ist Ihre gesamte Persönlichkeit, die Sie geformt und darauf ausgerichtet haben, um zu gefallen. Für Sie ist es wichtig, anerkannt zu werden, und als jemand Besonderes gesehen zu werden. Da Sie leicht kränkbar sind, geben Sie sich unbewußt alle Mühe, niemals Anlaß zur Kritik zu geben. Sie wirken stets angenehm, liebenswert und perfekt. Dahinter steckt Ihr Schuldgefühl darüber, daß Ihnen andere Menschen in Wahrheit nicht so wichtig sind, wie Sie sich und anderen vormachen. – Auch könnte ein Blick in den Spiegel Sie kränken: Sie möchten so vollkommen sein, daß selbst das Altern Sie verschont. Statt Ihre Ängste und Gefühle in dieser Richtung geheimzuhalten und sich darüber schuldig zu fühlen, ist es an der Zeit, sie zu akzeptieren.« Daß Ihnen der Spiegel nun im Traum begegnet, zeigt an, daß Sie *jetzt* damit beginnen sollten.

Strategiespiele: Typisch Waage!

Symphonie: Aus vielen Steinchen ein Mosaik zu gestalten, aus vielen Klängen ein Konzert zu formen, entspricht dem Waage-Motiv, möglichst vielen Interessen und Energien gerecht zu werden und diese gemeinsam zur Geltung zu bringen. – Sehnsucht nach einem reichen, erfüllten Leben, in welchem nichts Wesentliches mehr fehlt (und in welchem es insofern nichts Wesentliches mehr zu verlieren gibt).

Tanzen: Für die Waage ein Traum von sinnbildlicher Bedeutung: Das Leben zum Tanz zu machen und durch das Leben zu tanzen. Gemeinsam mit einem oder mehreren Partner(n) sich gemeinsam zu bewegen, um eine gemeinsame Mitte, unter Wahrung der jeweiligen Eigenständigkeit.

Testpilot/in: Ein Inbegriff des Tierkreiszeichens Waage.

Urologe/in: Kennzeichen des Tierkreiszeichen Waage (s. S. 29/30).

Überraschungsangriff: Mögliche Folge des Geschicks der Waage in Strategie und Taktik, gegebenenfalls aber auch ein Ausdruck ihrer häufigen Abneigung, Aggressionen »richtig« auszuleben. – Obwohl und weil Verbindlichkeit und Verhandlungskunst zu den wichtigsten Waage-Merkmalen zählen, dienen Überraschungsangriffe immer wieder als Notventile. Sie ergeben sich aber auch als Konsequenz aus unbedachten Selbstverständlichkeiten. – Aufgabe, den Umfang des Selbstverständnisses zu erweitern. – (Vgl. auch Stichwort »Aggression«.)

Vaganten: Vaganten, Vagabunden, Müßiggänger, Flaneure, – Ausdruck des Vagen. – Extravaganz als Versuch, dem Vagen zu entkommen.

Versammlung: Ein typischer Waage-Ort, bewährt sich doch hier ihre Steuerungsfähigkeit vielfältiger Interessenlagen zur gleichen Zeit. Für die Waage zumeist ein spannendes Abenteuer. In dieser Richtung ist auch die Bedeutung des Traumbildes zu suchen (vgl. Stichwort »Symphonie«).

Versuchsballon: Wie »Testpilot/in« ein Inbegriff des Tierkreiszeichens Waage. Der vom Boden zum Himmel aufsteigende Ballon ist auch ein Gleichnis für den Übergang von Konkretem zum Abstrakten, für das Aufsteigen vom Sinnlichen zum Sinnhaften usw. (Gegenbild: Rutschbahn, ein Widder-Symbol). – Guten Flug und schöne Reise!

Vertrag/Vertragswerk: Typisch für das Interesse der Waage, das menschliche Zusammenleben zu organisieren und »vertrauensbildende Maßnahmen« zu ergreifen. – Werfen Sie Ihr Verhandlungsgeschick in die eine Waagschale. In die zweite Waagschale kommt Ihre Faktenkenntnis. Dreh- und Angelpunkt der Vertragsangelegenheit stellt jedoch die (vermehrte, erweiterte) Beherzigung Ihrer persönlichen Betroffenheiten und Absichten dar. Vielleicht macht der Traum Sie darauf aufmerksam, daß eine Herzensangelegenheit neue, »verträgliche« Regelungen benötigt…

Zittern: Ausdruck der waage-typischen Spannung zwischen Bewußtem und Unbewußtem, der Anspannung im Vagen. – Im Traum häufig ein Bild für das Bedürfnis nach Beseitigung von Blockaden zwischen Körper und Geist und nach Wachstum der persönlichen Ganzheit.

Vorschläge zur Traumbeobachtung

Für das selbständige Verständnis Ihrer Träume (und wenn es nötig ist: auch für die Distanz zu ihnen) sollen folgende Tips und Regeln vorgeschlagen werden.

Alles ist wichtig, so lautet ein erster Grundsatz. Aufmerksam jedes Detail, jeden Zusammenhang beachten. Woran erinnern Sie sich nach dem Traum? Was fühlen Sie im Moment des Gewahrwerdens? Vergessen Sie erst einmal jede Bewertung. Hauptsache, Sie sehen in Ihrer Vorstellung einigermaßen das vor sich, wovon Sie wohl geträumt haben. Hauptsache, Ihr Gefühl und Ihre Empfindungen finden im halb- oder ganzwachen Zustand die Bilder, Eindrücke und Abläufe aus Ihren Träumen wieder.

Führen Sie die Kamera. Sobald Sie Ihre Traumbilder genügend deutlich vor Ihrem geistigen Auge sehen, gehen Sie in die einzelnen Bilder hinein. Stellen Sie sich vor, Sie seien ein Beleuchter, der eine Szene nach unterschiedlichen Richtungen ausleuchtet, oder eine Kamerafrau, die die Szene nacheinander von mehreren Standpunkten aus betrachten kann.

Achten Sie auf Ihre Beobachtungen. Oft passieren in einer Traumsequenz mehrere Handlungen zugleich. Unterschiedliche Argumente, Ereignisse, Gefühle und Taten können gleichzeitig wirken. Versuchen Sie zu unterscheiden. Halten Sie fest, was für Sie wichtig erscheint.

Seien Sie ehrlich sich selber gegenüber. Legen Sie sich Zeugnis davon ab, was Sie im Traum gesagt und getan, gespürt und gedacht haben. Alles ist wichtig. Keine/r kennt Ihren Traum außer Ihnen. Stellen Sie für sich fest, was (Traum-)Sache ist.

Drücken Sie den Ablauf eines Traumes in Ihren Worten aus. Sagen (oder schreiben) Sie sich in Worten und Sätzen die Traumgeschichte auf. Wenn es sein muß, kurz. Aber verzichten Sie nicht darauf.

Speichern Sie Ihren Traum. Merken Sie sich nun Ihren Traum mit seinen Bildern und Eindrücken, mit seinen verschiedenen Szenen und Ihren Beobachtungen. Merken Sie sich die Traumgeschichte, wie Sie sich auch eine Einkaufsliste merken.

Legen Sie Abstand zu Ihrem Traum ein. Sie kennen jetzt Ihren Traum. Stellen Sie sich vor, irgendein guter Freund oder eine gute Freundin hätte ihn just Ihnen erzählt. Wie würden Sie darüber urteilen? Was denken Sie, und was tun Sie unterdessen?

Sammeln Sie Ideen zur Bewertung. Bevor Sie den Traum bewerten, sammeln Sie Ideen, welche Bedeutungen hier vernünftiger- und verrückterweise zutreffen können.

Versuchen Sie die Logik oder Unlogik zu verstehen. Wenn der Traum insgesamt – mit seinen verschiedenen Teilen, Brüchen oder Widersprüchen – einen Sinn oder auch einen bestimmten Unsinn darstellen soll, worin kann diese Logik oder Unlogik bestehen?

Entscheiden Sie sich für eine geeignete Interpretation. Kommen Sie zu einer Entscheidung. Was unklar bleibt, darf unklar bleiben. Nur merken sollten Sie sich dieses. Gibt es mehrere stimmige Interpretationen, merken Sie sich diese Stück für Stück, und legen Sie Ihre nächsten Schritte fest.

Sagen Sie sich Ihre Interpretation. Leise oder laut – sprechen Sie ihr Urteil einzweideutig aus.

Stellen Sie (zwei) Aufgaben fest, die sich aus der Interpretation ergeben. Formulieren Sie diese Aufgaben unmißverständlich für sich und beginnen Sie mit der Erledigung.

Geben Sie sich Rechenschaft. Legen Sie sich regelmäßig Rechenschaft ab – über Ihre Traumbilder und Ihre Beobachtungen dazu. Über Ihre Interpretationen (Bedeutungsvorstellungen) und die Erledigung Ihrer persönlichen Aufgaben.

Beziehen Sie sich auf die Reaktionen von Mitmenschen. Vergegenwärtigen Sie sich Reaktionen von anderen auf Ihr Verhalten. Lassen Sie diese gelten und beziehen Sie sie in Ihre Selbst-Rechenschaft mit ein.

**Beziehen Sie sich auf Ihre sonstigen Träume und Über-
zeugungen.** Beziehen Sie sich bei Interpretation, An-
wendung und Überprüfung (Rechenschaft) auf Ihre
früheren oder sonstigen Auffassungen.

Beziehen Sie sich auf Ihre Wünsche und Ängste. Stau-
nen Sie und lachen Sie. Es tut gut, wenn man weiß,
warum man denkt und warum man träumt: Um mit
vollem Bewußtsein Mensch und »Ich« zu sein.

Weitere Hinweise

Umkehrungen und Vertauschungen gehören generell
zum Traumgeschehen. Sie bedeuten, daß jeder erdenk-
liche Zusammenhang in verkehrter Proportion, in ver-
tauschter Abfolge oder verwechselter Wirkungsrich-
tung auftauchen kann. Der Täter erscheint z. B. als
Opfer, oder der Mittelpunkt am Rande, der Hinter-
grund im Vordergrund, die Zukunft in der Vergangenheit usw. Eine bekannte Szenerie nimmt eine völlig
unbekannte Bedeutung an – Vertrautes findet unter un-
möglichen Umständen statt usw. usw.

Personentausch ist ein zentrales Element der Traumbil-
dung. Jede Person, die im Traum auftritt, kann
- die sein, für die sie sich ausgibt bzw. als die sie im
  Traum angesehen wird, oder
- eine Darstellungsform der eigenen Person der Träu-
  merin oder des Träumers sein oder
- eine dritte Person vertreten oder
- etwas Unpersönliches verkörpern.

Selbst wenn diese Person im Traum ein bekannter Mitmensch ist (Partnerin, Kind, Kollege), kann diese Traumperson dennoch eine Art Verkleidung für die Person der/des Träumenden sein oder an jemand ganz anderen erinnern oder Unpersönliches – z. B. eine Idee – zur Vorstellung bringen.

Personalauswahl. Achten Sie einmal darauf, über eine gewisse Zeit hinweg, wer in Ihren Träumen erscheint. – Sehen Sie sich selbst in voller Lebensgröße in Ihren Träumen? – Wenn sich in Träumen Unangenehmes häuft, wer tritt dabei vorzugsweise auf? Wenn Schönes im Traum geschieht, welche Personen sind da?

Zeitverschiebung. Jede/r kann sich selbst als Kind, Erwachsene/r oder Greis/in im Traum begegnen. Jedes Alter kann der Gegenwart im Traum entsprechen.

Ortsveränderung. Jede/r kann sich an jedem Ort, von dem er/sie überhaupt Kenntnis hat, im Traum wiederfinden. Jeder Ort im Traum kann symbolisch der tatsächlichen Lage und dem momentanen Standpunkt der/des Träumers/in entsprechen.

Belebung von Unbelebtem. Was die Märchen und der Computer-Bildschirm können – Unbelebtes zum Leben animieren, das machen die Träume wie selbstverständlich auch. Dinge sprechen oder schweigen beredt. Räume erzeugen Spannungsfiguren usw. Ferner hängt mit der Animation von Unbelebtem auch eine Auflösung der üblichen Eigenschaftsmerkmale zusammen. Farben erzeugen dann z. B. Klänge, Worte verströmen Gerüche, Pferde beginnen zu fliegen, Fische zu laufen und Vögel zu schwimmen.

Alchemie des Geistes

Die Waage im Spiegel des Märchens

Aus der Sammlung der Brüder Jacob und Wilhelm Grimm wurden im folgenden die Märchen »Schneewittchen« sowie »Dornröschen« ausgewählt, weil darin interessante Parallelen und Ergänzungen zur Symbolik in Astrologie, Tarot und Traumdeutung enthalten sind. Die Grimm'schen Märchen sind den meisten Menschen unseres Sprachgebietes bekannt; sie werden in der vorliegenden Buchreihe deshalb für die Märchendeutung exemplarisch herangezogen.

Die »Kinder- und Hausmärchen« der Brüder Grimm erschienen erstmals 1812–1814. Das ist etwa die Zeit, in welcher Goethes »Faust« (1. Teil) und E.T.A. Hofmanns »Elixiere des Teufels« veröffentlicht wurden. Die Titel »Kinder- und Hausmärchen« sind manchmal im Sinne der Harmlosigkeit mißverstanden worden. Es stimmt sicherlich, daß die Brüder Grimm einige der Märchen, die sie aus mündlicher Überlieferung gesammelt hatten, bearbeiteten, »anstößige« Stellen entfernten und den einen oder anderen frommen Spruch hinzusetzten. Das soll nicht vergessen werden, doch dies ist nur ein Aspekt.

Der Titel muß auch so verstanden werden, daß mit der Märchensammlung erstmals »Kinderträume und Hausintimitäten« eine literarische und sprachliche Bedeutung erhielten. Wie das Volk zur gleichen Zeit um seine Rechte und die Deutschen um ihre nationale Existenz kämpften, so drückt das Lebenswerk der Brüder Grimm auch ein Ringen um »Luft«, um freien Atem und freie Rede aus. Dafür nahmen die »Märchenonkel« z. B. in Kauf, daß sie wegen Teilnahme am Protest der »Göttinger Sieben« amtsenthoben und ausgewiesen wurden.

Märchen, bis dato nicht druckfähig und in der Schriftwelt daher sprachlos, bekamen nun ein Sprachrohr. Wie die einfachen Stände zunehmend Bildung und Wissenschaft für sich einforderten und erwarben, so war die Sammlung und Veröffentlichung der Märchen auch ein Akt der Emanzipation.

Der Grund für die Begeisterung, die heute Erwachsene mit Märchen empfinden, liegt wohl besonders darin, daß Märchen eine Form der Psychologie darstellen, bei der man selbst betroffen sein und innerlich miterleben kann – auch und gerade in seelischen Fragen, bei denen wir noch in den »Kinder- und Hausschuhen« stecken. Märchen schlagen eine Brücke in die Zeit zurück, die im Sinne der Schrift und Kulturwelt sprachlos war. Dieser Zusammenhang gilt für die Geschichte der Gesellschaft, aber ebenso für den persönlichen Entwicklungsweg. Auch persönlich gab es und gibt es »sprachlose« Zeiten, und in diese und durch diese begleiten uns die Märchen.

Schneewittchen

Es war einmal mitten im Winter, und die Schneeflocken fielen wie Federn vom Himmel herab, da saß eine Königin an einem Fenster, das einen Rahmen von schwarzem Ebenholz hatte, und nähte. Und wie sie so nähte und nach dem Schnee aufblickte, stach sie sich mit der Nadel in den Finger, und es fielen drei Tropfen Blut in den Schnee. Und weil das Rote im weißen Schnee so schön aussah, dachte sie bei sich: Hätt' ich ein Kind so weiß wie Schnee, so rot wie Blut und so schwarz wie das Holz an dem Rahmen. Bald darauf bekam sie ein Töchterlein, das war so weiß wie Schnee, so rot wie Blut und so schwarzhaarig wie Ebenholz, und ward darum das *Schneewittchen* genannt. Und wie das Kind geboren war, starb die Königin.

Über ein Jahr nahm sich der König eine andere Gemahlin. Es war eine schöne Frau, aber sie war stolz und übermütig und konnte nicht leiden, daß sie an Schönheit von jemand sollte übertroffen werden. Sie hatte einen wunderbaren Spiegel; wenn sie vor den trat und sich darin beschaute, sprach sie:

>»Spieglein, Spieglein an der Wand,
>Wer ist die Schönste im ganzen Land?«

so antwortete der Spiegel:

>»Frau Königin, Ihr seid die Schönste im Land.«

Da war sie zufrieden, denn sie wußte, daß der Spiegel die Wahrheit sagte.

Schneewittchen aber wuchs heran und wurde immer schöner, und als es sieben Jahre alt war, war es so schön wie der klare Tag und schöner als die Königin selbst. Als diese einmal ihren Spiegel fragte:

> »Spieglein, Spieglein an der Wand,
> Wer ist die Schönste im ganzen Land?«

so antwortete er:

> »Frau Königin, Ihr seid die Schönste hier;
> Aber Schneewittchen ist tausendmal schöner
> als Ihr.«

Da erschrank die Königin und ward gelb und grün vor Neid. Von Stund an, wenn sie Schneewittchen erblickte, kehrte sich ihr das Herz im Leibe herum, so haßte sie das Mädchen. Und der Neid und der Hochmut wuchsen wie ein Unkraut in ihrem Herzen immer höher, daß sie Tag und Nacht keine Ruhe mehr hatte. Da rief sie einen Jäger und sprach: »Bring das Kind hinaus in den Wald, ich will's nicht mehr vor meinen Augen sehen. Du sollst es töten und mir Lunge und Leber zum Wahrzeichen mitbringen.« Der Jäger gehorchte und führte es hinaus, und als er den Hirschfänger gezogen hatte und Schneewittchens unschuldiges Herz durchbohren wollte, fing es an zu weinen und sprach: »Ach lieber Jäger, laß mir mein Leben, ich will in den wilden Wald laufen und nimmermehr wieder heimkommen.« Und weil es so schön war, hatte der Jäger Mitleiden und sprach: »So lauf hin, du armes Kind.« – Die wilden Tiere werden dich bald gefressen haben, dachte er, und doch war's ihm, als wär ein Stein von seinem Herzen gewälzt, weil er es nicht zu töten brauchte. Und als gerade ein junger Frischling dahergesprungen kam, stach er ihn ab, nahm Lunge und Leber heraus und brachte sie als Wahrzeichen der Königin mit. Der Koch mußte sie in Salz kochen, und das boshafte Weib aß sie auf und meinte, sie hätte Schneewittchens Lunge und Leber gegessen.

Nun war das arme Kind in dem großen Wald mutterselig allein, und ward ihm so angst, daß es alle Blätter an den Bäumen ansah und nicht wußte, wie es sich helfen sollte. Da fing es an zu laufen und lief über die spitzen Steine und durch die Dornen, und die wilden Tiere sprangen an ihm vorbei, aber sie taten ihm nichts. Es lief, solange nur die Füße noch fortkonnten, bis es bald Abend werden wollte; da sah es ein kleines Häuschen und ging hinein, sich zu ruhen. In dem Häuschen war alles klein, aber so zierlich und reinlich, daß es nicht zu sagen ist. Da stand ein weißgedecktes Tischlein mit sieben kleinen Tellern, jedes Tellerlein mit seinem Löffelein, ferner sieben Messerlein und Gäblein und sieben Becherlein. An der Wand waren sieben Bettlein nebeneinander aufgestellt und schneeweiße Laken darübergedeckt. Schneewittchen, weil es so hungrig und durstig war, aß von jedem Tellerlein ein wenig Gemüs und Brot und trank aus jedem Becherlein einen Tropfen Wein; denn es wollte nicht einem allein alles wegnehmen. Hernach, weil es so müde war, legte es sich in ein Bettchen, aber keins paßte; das eine war zu lang, das andre zu kurz, bis endlich das siebente recht war; und darin blieb es liegen, befahl sich Gott und schlief ein.

Als es ganz dunkel geworden war, kamen die Herren von dem Häuslein, das waren die sieben Zwerge, die in den Bergen nach Erz hackten und gruben. Sie zündeten ihre sieben Lichtlein an, und wie es nun hell im Häuslein ward, sahen sie, daß jemand darin gewesen war, denn es stand nicht alles so in der Ordnung, wie sie es verlassen hatten. Der erste sprach: »Wer hat auf meinem Stühlchen gesessen?« Der zweite: »Wer hat von meinem Tellerchen gegessen?« Der dritte: »Wer hat von meinem Brötchen genommen?« Der vierte: »Wer hat von meinem Gemüschen gegessen?« Der fünfte: »Wer hat mit meinem Gäbelchen gestochen?« Der sechste: »Wer hat mit meinem Messerchen geschnitten?« Der siebente: »Wer hat aus meinem Becherlein getrunken?« Dann sah sich der erste um und sah, daß auf seinem Bett eine kleine Dälle war, da sprach er: »Wer hat in mein Bettchen getreten?« Die andern kamen gelaufen und riefen. »In meinem hat auch jemand gelegen.« Der siebente aber, als er in sein Bett sah, erblickte Schneewittchen, das lag drin und schlief. Nun rief er die andern, die kamen herbeigelaufen und schrien vor Verwunderung, holten ihre sieben Lichtlein und beleuchteten Schneewittchen. »Ei, du mein Gott! Ei, du mein Gott!« riefen sie, »was ist das Kind so schön!«, und hatten so große Freude, daß sie es nicht aufweckten, sondern im Bettlein fortschlafen ließen. Der siebente Zwerg aber schlief bei seinen Gesellen, bei jedem eine Stunde, da war die Nacht herum.

Als es Morgen war, erwachte Schneewittchen, und wie es die sieben Zwerge sah, erschrak es. Sie waren aber freundlich und fragten: »Wie heißt du?« – »Ich heiße Schneewittchen«, antwortete es. »Wie bist du in unser Haus gekommen?« sprachen weiter die Zwerge. Da erzählte es ihnen, daß seine Stiefmutter es hätte wollen umbringen lassen, der Jäger hätte ihm aber das Leben geschenkt, und da wär es gelaufen den ganzen Tag, bis es endlich ihr Häuslein gefunden hätte. Die Zwerge sprachen: »Willst du unsern Haushalt versehen, kochen, betten, waschen, nähen und stricken, und willst du alles ordentlich und reinlich halten, so kannst du bei uns bleiben, und es soll dir an nichts fehlen.« – »Ja«, sagte Schneewittchen, »von Herzen gern«, und blieb bei ihnen. Es hielt ihnen das Haus in Ordnung. Morgens gingen sie in die Berge und suchten Erz und Gold, abends kamen sie wieder und da mußte ihr Essen bereit sein. Den Tag über war das Mädchen allein; da warnten es die guten Zwerglein und sprachen: »Hüte dich vor deiner Stiefmutter, die wird bald wissen, daß du hier bist; laß ja niemand herein.«

Die Königin aber, nachdem sie Schneewittchens Lunge und Leber glaubte gegessen zu haben, dachte nicht anders, als sie wäre wieder die Erste und Allerschönste, trat vor ihren Spiegel und sprach:

> »Spieglein, Spieglein an der Wand,
> Wer ist die Schönste im ganzen Land?«

Da antwortete der Spiegel:

> »Frau Königin, Ihr seid die Schönste hier,
> Aber Schneewittchen über den Bergen
> Bei den sieben Zwergen
> Ist noch tausendmal schöner als Ihr.«

Da erschrak sie, denn sie wußte, daß der Spiegel keine Unwahrheit sprach, und merkte, daß der Jäger sie betrogen hatte und Schneewittchen noch am Leben war. Und da sann und sann sie aufs neue, wie sie es umbringen wollte, denn solange sie nicht die Schönste war im ganzen Land, ließ ihr der Neid keine Ruhe. Und als sie sich endlich etwas ausgedacht hatte, färbte sie sich das Gesicht und kleidete sich wie eine alte Krämerin und war ganz unkenntlich. In dieser Gestalt ging sie über die sieben Berge zu den sieben Zwergen, klopfte an die Türe und rief: »Schöne Ware feil!

feil!« Schneewittchen guckte zum Fenster heraus und rief: »Guten Tag, liebe Frau, was habt Ihr zu verkaufen?« – »Gute Ware, schöne Ware«, antwortete sie, »Schnürriemen von allen Farben«, und holte einen hervor, der aus bunter Seide geflochten war. Die ehrliche Frau kann ich hereinlassen, dachte Schneewittchen, riegelte die Türe auf und kaufte sich den hübschen Schnürriemen. »Kind«, sprach die Alte, »wie du aussiehst! Komm, ich will dich einmal ordentlich schnüren.« Schneewittchen hatte kein Arg, stellte sich vor sie und ließ sich mit dem neuen Schnürriemen schnüren; aber die Alte schnürte geschwind und schnürte so fest, daß dem Schneewittchen der Atem verging und es für tot hinfiel. »Nun bist du die Schönste gewesen«, sprach sie und eilte hinaus.

Nicht lange darauf, zur Abendzeit, kamen die sieben Zwerge nach Haus; aber wie erschraken sie, als sie ihr liebes Schneewittchen auf der Erde liegen sahen; und es regte und bewegte sich nicht, als wäre es tot. Sie hoben es in die Höhe, und weil sie sahen, daß es zu fest geschnürt war, schnitten sie den Schnürriemen entzwei: da fing es an, ein wenig zu atmen, und ward nach und nach wieder lebendig. Als die Zwerge hörten, was geschehen war, sprachen sie: »Die alte Krämerfrau war niemand als die gottlose Königin! Hüte dich und laß keinen Menschen herein, wenn wir nicht bei dir sind.«

Das böse Weib aber, als es nach Haus gekommen war, ging vor den Spiegel und fragte:

> »Spieglein, Spieglein an der Wand,
> Wer ist die Schönste im ganzen Land?«

Da antwortete er wie sonst:

»Frau Königin, Ihr seid die Schönste hier,
Aber Schneewittchen über den Bergen
Bei den sieben Zwergen
Ist noch tausendmal schöner als Ihr.«

Als sie das hörte, lief ihr alles Blut zum Herzen, so erschrak sie, denn sie sah wohl, daß Schneewittchen wieder lebendig geworden war. »Nun aber«, sprach sie, »will ich etwas aussinnen, das dich zugrunde richten soll«, und mit Hexenkünsten, die sie verstand, machte sie einen giftigen Kamm. Dann verkleidete sie sich und nahm die Gestalt eines andern alten Weibes an. So ging sie hin über die sieben Berge zu den sieben Zwergen, klopfte an die Türe und rief: »Gute Ware feil! feil!« Schneewittchen schaute heraus und sprach: »Geht nur weiter, ich darf niemand hereinlassen.« – »Das Ansehen wird dir noch erlaubt sein«, sprach die Alte, zog den giftigen Kamm heraus und hielt ihn in die Höhe. Da gefiel er dem Kinde so gut, daß es sich betören ließ und die Türe öffnete. Als sie des Kaufs einig waren, sprach die Alte: »Nun will ich dich einmal ordentlich kämmen.« Das arme Schneewittchen dachte an nichts und ließ die Alte gewähren; aber kaum hatte sie den Kamm in die Haare gesteckt, als das Gift darin wirkte und das Mädchen ohne Besinnung niederfiel. »Du Ausbund von Schönheit«, sprach das boshafte Weib, »jetzt ist's um dich geschehen«, und ging fort. Zum Glück aber war es bald Abend, wo die sieben Zwerglein nach Haus kamen. Als sie Schneewittchen wie tot auf der Erde liegen sahen, hatten sie gleich die Stiefmutter im Verdacht, suchten nach und fanden den giftigen Kamm, und kaum hatten sie ihn herausgezogen, so kam Schneewittchen wieder zu sich und erzählte, was vorgegangen war. Da warnten sie es noch einmal, auf seiner Hut zu sein und niemand die Türe zu öffnen.

Die Königin stellte sich daheim vor den Spiegel und sprach:

> »Spieglein, Spieglein an der Wand,
> Wer ist die Schönste im ganzen Land?«

Da antwortete er wie vorher:

> »Frau Königin, Ihr seid die Schönste hier,
> Aber Schneewittchen über den Bergen
> Bei den sieben Zwergen
> Ist noch tausendmal schöner als Ihr.«

Als sie den Spiegel so reden hörte, zitterte und bebte sie vor Zorn. »Schneewittchen soll sterben«, rief sie, »und wenn es mein eigenes Leben kostet.« Darauf ging sie in eine ganz verborgene einsame Kammer, wo niemand hinkam, und machte da einen giftigen Apfel. Äußerlich sah er schön aus, weiß mit roten Backen, daß jeder, der ihn erblickte, Lust danach bekam; aber wer ein Stückchen davon aß, der mußte sterben. Als der Apfel fertig war, färbte sie sich das Gesicht und verkleidete sich in eine Bauersfrau, und so ging sie über die sieben Berge zu den sieben Zwergen. Sie klopfte an, Schneewittchen streckte den Kopf zum Fenster heraus und sprach: »Ich darf keinen Menschen einlassen, die sieben Zwerge haben mir's verboten.« – »Mir auch recht«, antwortete die Bäuerin, »meine Äpfel will ich schon loswerden. Da, einen will ich dir schenken.« – »Nein«, sprach Schneewittchen, »ich darf nichts annehmen.« – »Fürchtest du dich vor Gift?« sprach die Alte, »siehst du, da schneide ich den Apfel in zwei Teile; den roten Backen iß du, den weißen will ich essen.« Der Apfel war aber so künstlich gemacht, daß der rote Backen allein vergiftet war. Schneewittchen lusterte den schönen Apfel an, und als es sah, daß die Bäuerin davon aß, so konnte es nicht länger widerstehen, streckte die Hand hinaus und nahm die giftige Hälfte. Kaum aber hatte es einen Bissen davon im Mund, so fiel es tot zur Erde nieder. Da betrachtete es die Königin mit grausigen Blicken und lachte überlaut und sprach: »Weiß wie Schnee, rot wie Blut, schwarz wie Ebenholz! Diesmal können dich die Zwerge nicht wieder erwecken.« Und als sie daheim den Spiegel befragte:

> »Spieglein, Spieglein an der Wand
> Wer ist die Schönste im ganzen Land?«

so antwortete er endlich:

> »Frau Königin, Ihr seid die Schönste im Land.«

Da hatte ihr neidisches Herz Ruhe, so gut ein neidisches Herz Ruhe haben kann.

Die Zwerglein, wie sie abends nach Hause kamen, fanden Schneewittchen auf der Erde liegen, und es ging kein Atem mehr aus seinem Mund, und es war tot. Sie hoben es auf, suchten, ob sie was Giftiges fänden, schnürten es auf, kämmten ihm die Haare, wuschen es mit Wasser und Wein, aber es half alles nichts; das liebe Kind war tot und blieb tot. Sie legten es auf eine Bahre und setzten sich alle siebene daran und beweinten es und weinten drei Tage lang. Da wollten sie es begraben, aber es sah noch so frisch aus wie ein lebender Mensch und hatte noch seine schönen roten Backen. Sie sprachen. »Das können wir nicht in die schwarze Erde versenken«, und ließen einen durchsichtigen Sarg von Glas machen, daß man es von allen Seiten sehen konnte, legten es hinein und schrieben mit goldenen

Buchstaben seinen Namen darauf und daß es eine Königs-
tochter wäre. Dann setzten sie den Sarg hinaus auf den
Berg, und einer von ihnen blieb immer dabei und be-
wachte ihn. Und die Tiere kamen auch und beweinten
Schneewittchen, erst eine Eule, dann ein Rabe, zuletzt ein
Täubchen.

Nun lag Schneewittchen lange, lange Zeit in dem Sarg
und verweste nicht, sondern sah aus, als wenn es schliefe,
denn es ward noch so weiß als Schnee, so rot als Blut und
so schwarzhaarig wie Ebenholz. Es geschah aber, daß ein
Königssohn in den Wald geriet und zu dem Zwergenhaus
kam, da zu übernachten. Er sah auf dem Berg den Sarg
und das schöne Schneewittchen darin und las, was mit
goldenen Buchstaben darauf geschrieben war. Da sprach
er zu den Zwergen: »Laßt mir den Sarg, ich will euch geben, was ihr dafür haben wollt.« Aber die Zwerge ant-
worteten: »Wir geben ihn nicht um alles Gold in der
Welt.« Da sprach er: »So schenkt mir ihn denn, ich kann
nicht leben, ohne Schneewittchen zu sehen, ich will es
ehren und hochachten wie mein Liebstes.« Wie er so
sprach, empfanden die guten Zwerglein Mitleiden mit
ihm und gaben ihm den Sarg. Der Königssohn ließ ihn
nun von seinen Dienern auf den Schultern forttragen. Da
geschah es, daß sie über einen Strauch stolperten, und
von dem Schüttern fuhr der giftige Apfelgrütz, den
Schneewittchen abgebissen hatte, aus dem Hals. Und
nicht lange, so öffnete es die Augen, hob den Deckel vom
Sarg in die Höhe und richtete sich auf und war wieder
lebendig. »Ach, Gott, wo bin ich?« rief es. Der Königssohn sagte voll Freude: »Du bist bei mir«, und erzählte,
was sich zugetragen hatte, und sprach: »Ich habe dich
lieber als alles auf der Welt; komm mit mir in meines Va-
ters Schloß, du sollst meine Gemahlin werden.« Da war

ihm Schneewittchen gut und ging mit ihm, und ihre Hochzeit war mit großer Pracht und Herrlichkeit angeordnet.

Zu dem Fest wurde aber auch Schneewittchens gottlose Stiefmutter eingeladen. Wie sie sich mit schönen Kleidern angetan hatte, trat sie vor den Spiegel und sprach:

> »Spieglein, Spieglein an der Wand,
> Wer ist die Schönste im ganzen Land?

Der Spiegel antwortete:

> »Frau Königin, Ihr seid die Schönste hier,
> Aber die junge Königin ist tausendmal schöner
>   als Ihr.«

Da stieß das böse Weib einen Fluch aus, und ward ihr so Angst, daß sie sich nicht zu lassen wußte. Sie wollte zuerst gar nicht auf die Hochzeit kommen: doch ließ es ihr keine Ruhe, sie mußte fort und die junge Königin sehen. Und wie sie hereintrat, erkannte sie Schneewittchen, und vor Angst und Schrecken stand sie da und konnte sich nicht regen. Aber es waren schon eiserne Pantoffeln über Kohlenfeuer gestellt und wurden mit Zangen hereingetragen und vor sie hingestellt. Da mußte sie in die rotglühenden Schuhe treten und so lange tanzen, bis sie tot zur Erde fiel.

Aus dem Rahmen fallen

Im Anfang war der Schnee... Es ist bemerkenswert, mit welchen Worten ein Märchen beginnt. Meist nennen die Grimm'schen Märchen nach der Formel »Es war einmal...« die Hauptfigur bzw. die zentrale Symbolgestalt, um deren Werdung und Wandlung sich die Märchenhandlung dreht. Hier ist es weder die Königin noch Schneewittchen. »Es war einmal *mitten im Winter*«, heißt es.

Mitten im Winter – das bedeutet Schnee, Kälte, Rückzug der Lebenskräfte, Zeit des Winterschlafes, aber auch der Fastnacht, des Karnevals sowie traditionell eine gute Phase, um Altes zu bedenken und Neues zu planen. Astrologisch ist die Wintermitte der Monat des Wassermanns. Dessen Definition lautet: »Ich weiß«. Der Wassermann bezieht seinen Namen in der Astrologie daher, daß er jene Steuerungsprozesse symbolisiert, die davon handeln, ob wir uns *im Fluß* befinden, wie wir uns im »Strom« der Zeit und der Ereignisse zu bewegen vermögen. Er ist das feste, »fixe« Luft-Zeichen und repräsentiert, kurz gesagt, Wissen und (geistiges) Bewußtsein.

Hauptfigur des Märchens, so können wir insoweit annehmen, ist die Bewußtheit. – Die Ausgangssituation wird nun dahingehend spezifiziert, daß »die Schneeflocken (...) wie Federn vom Himmel herab(fielen)«. Dies bedeutet mehreres: Der Übergang von Himmel zu Erde, der *Luftraum* ist angefüllt, voller Leben und sichtbarer Bewegung. – Es regnet förmlich neue Ideen und Einfälle vom Himmel herab. – Die Erde ist weiß, sie wird zu einer tabula rasa, die üblichen Konturen und Kontraste verblassen (oder existieren noch nicht). –

Etwas Neues beginnt, dieses sieht zunächst aus wie eine weiße Wand, wie ein weißes, unbeschriebenes Blatt.

Dieses Neue gibt dem gesamten Märchen den Namen: »Schneeweißchen«.

Als dieses geboren wird, stirbt die alte Königin. Ein altes Bewußtsein stirbt, und ein neues Bewußtsein wird geboren. Oder: Eine alte Daseinsform geht zuende, eine neue Form des Daseins, eben das Bewußtsein, wird geboren. Der Werdegang des Schneewittchens wird uns davon berichten, wie dieses neue Bewußtsein sich entwickelt und erwachsen wird. –

Der Rahmen aus schwarzem Ebenholz symbolisiert den bestehenden alten Rahmen, den Rahmen des Bestehenden; er ist schwarz wie die Nacht, schwarz wie die »dunkle Erde«. In astrologischen Begriffen stellt der Rahmen »von schwarzem Ebenholz«, die Macht die Erde und des Bestehenden, den Saturn, den »Hüter der Schwelle« dar.

Aus diesem Rahmen kann die alte Königin herausschauen; sie blickt darüber hinaus. Sie näht, d.h. sie verbindet Altes und Neues. Zugleich bringt das Nähen eine Frauendomäne ins Spiel: Weibliche Charaktere (astrologisch Venus) spielen die Hauptrolle des Märchens. Und das Nähen stellt – neben dem Spinnen und dem Weben – eine archetypische Beschreibung des Fraulichen dar. In der germanischen Mythologie beispielsweise verkörpern dies die drei *Nornen*, die drei Schicksalsschwestern oder Schicksalsfrauen genannt, höhere Wesen, welche das Schicksal der Menschen wie der Götter *weben*.

In den drei Tropfen Blut könnte eine Anspielung auf die Dreiheit oder die Dreieinheit als alte Form der weiblichen Gottheit enthalten sein (vgl. dazu die Tarot-

Karte »III – Die Herrscherin« und zu den Blutstropfen auch »drei Schwerter«). – Der Stich mit der Nadel steht für den »Stachel des Geistes«: Der menschliche Geist hat die Materie soweit umgeformt, daß aus den Naturstoffen überhaupt Nadeln gewonnen werden. Dieses Produkt aus Geist und Natur wirkt zurück: Es sticht, es fordert Betroffenheit heraus und bringt auf neue Gedanken: Die alte Königin »*dachte*... bei sich: Hätt' ich ein Kind...«.

Schwarz – Weiß – Rot

Eine alte Daseinsform blickt über ihre Grenzen hinaus. Sie erkennt ihre Grenzen und wünscht sich eine Erneuerung. Die Verjüngung soll schwarz, weiß und rot beinhalten.

Mit diesen »Farben« hat es in der Symbolgeschichte aber eine besondere Bewandnis. Sie stellen die charakteristischen Phasen des alchemistischen Prozesses dar. Um das Märchen in seinen Bedeutungen zu verstehen, erscheint es daher notwendig, einige Kenntnisse über die Alchemie zusammenzutragen.

Die Alchemie (auch Alchimie, Alchymie) war eine symbolhafte Wissenschaft des abendländischen Mittelalters, in welcher naturkundliche Erfahrung, mystische Spekulation und eine vorwissenschaftliche Psychologie ununterschieden zusammenwirkten.

Im Mittelpunkt der mittelalterlichen Alchemie stand die Umwandlung aller Stoffe ineinander, die auf der Vorstellung von drei oder vier Grundstoffen beruhte, aus denen alle irdischen Dinge durch Mischung entstanden seien. Die Umwandlungen glaubte man durch

den »Stein der Weisen«, durch ein universales Lösungs-
mittel erreichen zu können.

Aus heutiger Sicht erscheint manches an diesen Vorstellungen schwer nachvollziehbar (und erst recht an
den historischen Originaltexten), vieles gilt als unver-
ständlich oder wirkt wie bedeutungsloser »Schnee von
gestern«. Doch dies wäre zu früh geurteilt.

Die Bedeutung der Alchemie liegt nicht nur darin,
daß die moderne Chemie wie andererseits auch Teile
der heutigen Psychologie hier ihre Wurzeln besitzen.
Die Alchemie wird erst verständlich aus der Situation
des abendländischen Mittelalters, in welchem langsam und allmählich etwas heranreifte, was es in der
Menschheitsgeschichte zuvor nie gegeben hatte: Ein
menschliches Bewußtsein, das an die einzelne Person
geknüpft ist.

Die Antike kannte Originale – wie Cäsar und Cicero,
Aristoteles und Alexander sowie all die anderen »Pro-
minenten« der griechisch-römischen Geschichte. Doch
in der Antike gab es kein Individuum. Der Mensch galt
als »Zoon politikon«, kam allein als Teil des Gemein-
wesens und seiner Ordnung in Betracht. (In Platons be-
rühmtem Höhlengleichnis tauchte die *Idee* des freien
und göttlichen Individuums auf; das markierte gleichsam die Spitze der antiken Erkenntnis. Weiter als bis
zur Idee des Individuums gelangte diese jedoch nicht;
Rom, Athen, Sparta usw. waren Sklavenhaltergesell-
schaften.)

Die Entdeckung des Individuums beginnt mit der Renaissance, der Reformation und den Bauernkriegen in
Europa um 1500 (vgl. S. 69), und von Europa aus wird
diese historische Neuheit, das Individuum, später in
alle Welt exportiert.

Das späte Mittelalter (etwa 1100–1400 n. Chr.) gleicht der alten Königin im Märchen vom Schneewittchen: Es verkörpert ein altes Bewußtsein, besitzt und entwickelt jedoch den Wunsch nach einem neuen Bewußtsein. Hier entstehen die Vorbereitungen, die Vorkehrungen, welche im 15. Jahrhundert zur Renaissance hinführen. Die Renaissance feierte die *Wiedergeburt* des Menschen, ihr gelang der Sprung »raus aus dem finsteren Mittelalter« (raus aus einem Rahmen, der für die Nachgeborenen so dunkel wirkte wie »von schwarzem Ebenholz«). Die Renaissancezeit war ein großer Schmelztiegel: die Antike wurde wieder und in neuem Umfang entdeckt; sie wurde gleichsam umgeschmolzen zu »anderen Wegen« für die angebrochene Neuzeit.

Damit weiter zur Alchemie: Diese geht auf die alten Ägypter zurück, von denen sie die Araber übernahmen. Das Abendland lernte die Alchemie vorwiegend aus arabischen Quellen kennen (»Al« ist ein arabisches Geschlechtswort: »Alchemie« heißt also einfach: die Chemie). Die Renaissance erneuerte und verfeinerte mit der Aufarbeitung der Antike auch die Kenntnisse über die Alchemie; namentlich Paracelsus (ca. 1494–1541) ist hier zu nennen. (Darüber hinaus gleicht die Renaissance insgesamt als »Schmelztiegel« einem großen, kollektiven alchemistischen Experiment.)

Einige Jahrhunderte vorher, eben im späten Mittelalter war dies alles jedoch bestenfalls Zukunftsmusik. Die aus heutiger Sicht so ungewohnte Lehre von der Alchemie, die *gleichzeitig* Natur-, Geist- und Selbsterfahrung suchte und in Vorformen praktizierte, läßt sich nur aus der bestimmten Situation des ganz anfänglichen, ganz allmählichen Erwachens des Bewußtseins verstehen (eines Erwachens, das allein unerhörte Anstrengungen erforderte, nur um festzustellen, daß der Mensch bisher gleichsam geträumt hatte). Große und berühmte Namen wie Albertus Magnus oder Roger Bacon gehörten zu den bekanntesten Alchemisten des Mittelalters (neben, um einige weitere zu erwähnen, Marcus Graecus, Raimundus Lullus, Arnold von Villanova und Basilius Valentinus). Daran wird vollends deutlich, daß es sich bei der *mittelalterlichen* Alchemie im wesentlichen nicht um eine »esoterische« oder okkulte Spezialveranstaltung handelte (dazu wurde sie erst bei einigen Abkömmlingen unter völlig veränderten Umständen im 17. und 18. Jahrhundert), sondern vielmehr um eine Vorstufe der »modernen Wissenschaft«, um die Vorläuferin eines Bewußtseins, in welchem der einzelne Mensch als solcher von Bedeutung ist.

Alchemie im Märchen

Schwarz, weiß und rot – die Farben des Schneewittchens – waren nun die charakteristischen Stufen des alchemistischen Prozesses. In seinen Pionierarbeiten über »Psychologie und Alchemie« (entstanden ab Mitte der 1930er Jahre) beschreibt der Analytiker und Tiefenpsychologe C. G. Jung die *Phasen des alchemistischen Prozesses* wie folgt:

> »Obschon über den genaueren Verlauf des Prozesses und die Abfolge der Phasen desselben kaum zwei Autoren der gleichen Ansicht sind, so stimmen die meisten doch in den Hauptpunkten überein, und zwar seit den ältesten Zeiten, das heißt seit dem Anfang der christlichen Zeitrechnung: es werden vier Phasen un-

terschieden, welche durch die schon bei Heraklit erwähnten, ursprünglichen Malerfarben charakterisiert sind: nämlich die melanosis (Schwärzung), leukosis (Weißung), xanthosis (Gelbung), iosis (Rötung) (...). Später, das heißt etwa im 15./16. Jahrhundert, werden die Farben auf drei reduziert, wobei die xanthosis, die «citrinitas», allmählich in Wegfall kommt, respektive nur noch selten erwähnt wird. Dafür tritt ausnahmsweise die «viriditas» (Grüne) nach der melanosis ein, aber ohne prinzipielle Bedeutung zu erlangen. ... (Es) wird jetzt häufig hervorgehoben, daß es vier Elemente (Erde, Wasser, Luft, Feuer) und vier Eigenschaften (heiß – kalt – feucht – trocken) gebe, dagegen nur drei Farben: Schwarz, Weiß und Rot (...).

Die Schwärze [lat.] nigredo ist der Anfangszustand, entweder als Eigenschaft der »prima materia« [der Ursprungsmaterie], des Chaos oder der »massa confusa«, von vornherein vorhanden oder durch Zerteilung der Elemente erzeugt (...). Aus der »nigredo« führt die Abwaschung entweder direkt zur Weißung, (...) oder es leiten die vielen Farben zur einen, weißen Farbe, die alle Farben enthält, über. Damit ist das erste Hauptziel des Prozesses, nämlich die »albedo« [die Weiße, das Weiß] erreicht, welche von vielen schon so hoch gepriesen wird, als ob das Ziel überhaupt erreicht wäre. Es ist der Silber- oder Mondzustand, welcher aber noch bis zum Sonnenzustand gesteigert werden soll. Die »albedo« ist gewissermaßen die Dämmerung; aber erst die »rubedo« [die Röte, das Rote] ist der Sonnenaufgang. Den Übergang zur »rubedo« bildet die Gelbung (citrinitas), welche, wie erwähnt, später in Wegfall kommt. Dann geht die »rubedo« direkt aus der »albedo« hervor durch Steigerung des Feuers auf den höchsten Grad. Das Weiße und das Rote sind Königin und König, die auch in dieser Phase ihre »nuptiae chymicae« [chymische oder »chemische« Hochzeit] feiern können.«

Schneewittchen bezeichnet ein (neues) Bewußtsein, welches die verschiedenen Wandlungsstufen des alchemistischen Prozesses beinhaltet:

- **Schwarz** – Die Materie, das Stoffliche, der Körper, die »dunkle«, d. h. vom Geist unberührte Natur.
- **Weiß** – »Der Silber- oder Mondzustand«, wie C. G. Jung sagt; die Seele, die anima-lische Lebenskraft, welche der Mensch mit allen Lebewesen teilt (in heutigen Begriffen auch die *Libido*).
- **Rot** – Das Feuer des »Geistes«, wie die *Sonne* in der heutigen Astrologie zugleich Inbegriff von Herz, Wille und »Begeisterung«, Ausdruck der schöpferischen Kräfte des Menschen, Kern dessen, was den Menschen von allen anderen Lebewesen unterscheidet.

Die Dramatik des Märchens aber besteht darin, was der Übergang von »Weiß« zu »Rot« außerordentliche Schwierigkeiten bereitet.

Der Spiegel der Seele

Das »Weiß« bezeichnet den »Silber- oder Mondzustand«; Silber und Mond sind typische Symbole der Seele und des Seelenlebens. Die Seele aber tritt in der Symbolik häufig und verbreitet als *Spiegel* in Erscheinung (sie wird als innere Leinwand, als innerer Resonanzboden oder eben als Spiegel dargestellt, ebenso als innere Stimme, weshalb es nur natürlich ist, wenn die Stiefmutter mit ihrem Spiegel zu reden vermag).

Was die Stiefmutter hier vorlebt, ist nichts anderes als die Schönheit, aber auch den Hochmut der Seele. Sie wird als *schön* beschrieben, und Schönheit bedeutet im

Märchen in aller Regel *Wahrheit*, die Übereinstimmung von Wesen und Erscheinung, von Anschein und Wirklichkeit. Sie ist nicht nur schön, sondern lange Zeit auch *zufrieden*; das ist nicht wenig, was das Märchen über die »andere« Königin und über die Macht der Seele zu berichten weiß. Die Stiefmutter ist ein Bild des *Seelenfriedens* – wenn da nur nicht dieses Schneewittchen wäre!

Schneewittchen ist *schöner* – »tausendmal schöner« als die zweite Königin. Was vordergründing nach weiblicher Konkurrenz oder nach Mutter-Tochter-Rivalitäten aussieht, entpuppt sich bei näherer Untersuchung als etwas anderes: Die alte, erste Königin, Schneewittchens Mutter, stellt einen nicht näher bezeichneten Ur- oder Anfangszustand dar, welcher nur den Wunsch nach Bewußtheit hervorbringt. Die zweite Königin, Schneewittchens Stiefmutter, verkörpert einen Zwischenzustand, die Wahrheit der Seele. Ihre Konkurrenz ist Schneewittchen, das schneeweiße Neuland des (geistigen) Bewußtseins, die kommende, die dritte Königin in dieser Geschichte. Die Rivalität zwischen der zweiten und der dritten Frauengestalt ist die zwischen Seele und Geist. Die Wahrheit eines lebendigen Bewußtseins, so die Aussage des Spiegels, ist tausendmal schöner, also einfach unvergleichlich gegenüber der alleinigen Wahrheit der Seele.

»Da erschrak die Königin«, so erzählt das Märchen, »und ward gelb und grün vor Neid«. Lassen wir den Neid als eine Art der ausschmückenden Erklärung einstweilen außer Betracht, so geben Gelb und Grün genau die beiden Zwischenstufen an, welche der alchemistische Prozeß kannte, um von Weiß nach Rot zu gelangen (s. o.: citrinitas, das Gelbe, und viriditas, das

Grüne). Die Stiefmutter erreicht jenes *Rot* nicht, weil sie gleichsam kein Herz hat: »Von Stund an... kehrte sich ihr das Herz im Leibe herum... Und der Neid und der Hochmut wuchsen wie ein *Unkraut* in ihrem Herzen immer höher«. Wenn wir wiederum von Neid und Hochmut als den hier mitgelieferten Erklärungsangeboten bis auf weiteres absehen, so ergibt sich der Sache nach, daß die zweite Königin, die Stiefmutter, in dem Sinne kein Herz besitzt, daß dieses für sie nicht zugänglich ist – nicht zugänglich für eine wie auch immer *bewußte* Lösung des Konflikts.

Die Stiefmutter vermag aus ihrem Herzen im wahrsten Sinne des Wortes nur eine Mördergrube zu machen: Ihr Herz ist ihre »ganz verborgene einsame Kammer«, in welcher sie schließlich den Giftapfel bereitet. – Ohne moralische Bewertung, sondern aus dem Blickwinkel des Gegensatzes von Seele und Geist betrachtet, bedeutet all dies, daß die Seele von sich aus und in sich *kein Zentrum* ausbilden kann, *keinen Anhaltspunkt* besitzt, der etwa mit dem Dreh- und Angelpunkt einer Waage zu vergleichen wäre und der es erlauben würde, über sich selbst (über den seelischen Horizont) hinauszuschauen, um von höherer Warte aus auch unbekannte, der Seele fremde Wirklichkeiten zu verstehen.

Die Seele – und so die zweite Königin – hat kein Herz, hat gleichsam kein Organ, um über den Prozeß der Selbstbespiegelung hinauszugelangen – *wenn sie das Andere nicht bis in ihr Innerstes vordringen läßt.*

Das Glas des Geistes

Das Andere bis in die eigene Daseinsmitte vordringen zu lassen, – dies sind die berühmten Stacheln des Geistes, die Nadelstiche, die unter die Haut gehen (wie es der ersten Königin in der Szene zu Beginn des Märchens geschieht). Schneewittchen als Symbol des (geistigen) Bewußtseins muß bis zum Ende der Geschichte um ihr Lebensrecht bangen; solange aber eine Bewußtheit fehlt, welche in der Lage ist, unterschiedliche Wahrheiten, verschiedenartige seelische Welten auf einen Nenner zu bringen, solange sind allein *Mitleid, Freude und Liebe* in der Lage, das Andere ins Herz zu schließen: Aus Mitleid läßt der Jäger Schneewittchen leben; aus Freude und Freundlichkeit nehmen die Zwerge es bei sich auf; und aus Liebe verlangt der Königssohn nach ihm – Mitleid, Freude und Liebe treten hier insoweit als Geburtshelfer(innen) des Bewußtseins auf. Sie schützen es vor den Nachstellungen einer bewußtlosen Seele, befreien es aus seinem scheintoten Wartezustand im gläsernen Sarg und verhelfen somit dem Bewußtsein, dem Schneewittchen, zu einer zweiten Geburt.

Der gläserne Sarg ist dabei ein doppeldeutiges Symbol. Ohne Verständnis und Bewußtsein wirkt die Erkenntnis des Anderen, welche zugleich die Erkenntnis der persönlichen Grenzen und der persönlichen Endlichkeit einschließt, wie eine schmerzhafte Verwundung des Herzens. Wenn nun nicht Mitleid, Freude und Liebe aushelfen, um diesen Schmerz zu ertragen und zu verarbeiten – bis ein Bewußtsein geboren ist, das auf eine neue, heilsame und vergleichsweise schmerzlose Art sich den Gegebenheiten des Lebens stellen kann, dann und solange kommt es zu einer

Trennung zwischen Seele und Geist *innerhalb* eines Menschen.

Diese Trennung schildert das Märchen nach beiden Seiten hin: Die Stiefmutter verkörpert die Seele, welche nichts vom (neuen) Geist wissen will. Schneewittchen aber stellt ein (geistiges) Bewußtsein dar, welches nur in der zwergenhaften Kinderstube sein Auskommen hat, das aber keine Ahnung davon besitzt, was jenseits des eigenen Vorstellungsvermögens liegt; eine Bewußtheit, die entweder unbenutzt und unbrauchbar wie in einem Einmachglas verschlossen bleibt oder die dem Menschen, welchem diese Art des Bewußtseins gehört, jegliche Vitalität nimmt. Von beiden Seiten – von innen und von außen betrachtet – stellt der gläserne Sarg insoweit eine *hermetische Abschottung* dar, welche sich zwischen das lebendige Dasein und das geistige Bewußtsein schiebt. – Wie allgemein verbreitet gerade heutzutage *diese* schneewittchenhafte Erfahrung ist, zeigt sich in der häufig vertretenen und zitierten These vom *trennenden Bewußtsein*: Geistige Bewußtheit, vernunftgemäßes Denken und allgemein die »Kopfarbeit« würden alles und jedes trennen, zergliedern usw. usf. Tatsächlich aber, so die Botschaft dieses Märchens, vermag das Bewußtsein nicht nur zu trennen, sondern beispielsweise auch zusammenzufügen, wie es etwa die alte Königin eingangs beim Nähen demonstriert. Das Problem besteht nicht im Trennenden des Bewußtseins, sondern umgekehrt in der Trennung des Bewußtseins vom übrigen Leben! – In dieser Beziehung muß Schneewittchen unbedingt aus ihrem Glasberg, ihrer hermetischen Abgesondertheit herausfinden.

Auf der anderen Seite ist das *gläserne Gefäß* – seit alten Zeiten und nicht zuletzt in der Alchemie des Mittelalters – ein Ziel und Wunschobjekt erster Güte. – Wie der Kelch oder die Schale dazu geeignet sind, dem Wasserelement (d. h. der Seele) ein Fassungsvermögen zu verleihen, so ist das gläserne Gefäß dazu angetan, dem Luftelement (d. h. dem Geist) Halt und Fassung zu verleihen. – Kelch und Schale wurden in Gestalt des heiligen Gral zum Zielpunkt großer Abenteuer und langer Pilgerschaften; das gläserne Gefäß, die Retorte, das Goldglas (s. die Goldbuchstaben auf Schneewittchens Glassarg) waren für die Alchemisten Zielbeschreibungen, welche sie dem »Stein der Weisen« gleichsetzten, zugleich Mittel und Zweck ihres unermüdlichen Experimentierens.

Als Symbol bedeutet der Kelch Gefühl, Verlangen und Leidenschaft – alles, was dem Seelenleben *faßbaren Ausdruck* verleiht. Das gläserne Gefäß bedeutet – in einer Analogie dazu – Idee, Gedanke und Bewußtheit, alles, was dem Geist des Lebens *greifbaren Ausdruck* gibt. – In diesem Sinne gleicht der Glassarg einem funktionierenden Bewußtsein, einem geistigen Erfassungsvermögen für die persönliche Existenz in ihrem ganzen Umfang. In dieser Sichtweise gilt: Weil Schneewittchen seine Lage endlich *ganz erfaßt*, reift in ihm ein Bewußtsein heran, daß bis zum persönlichen Sein vordringt. Der Königssohn, der in den Wald gerät, ist insoweit ein Ausdruck der eigenen Lebenskraft und eines Selbst-Bewußtseins, das Schneewittchen selber (zu sich) heranzieht. Es kann den vergifteten Apfel ausspucken, als es endlich Bodenhaftung erfährt, als es über das, was auf der Erde wächst, ins Stolpern gerät und sich schließlich von den Widersprüchen seiner gesamten, nicht nur geistigen Existenz *erschüttern* läßt: »Von dem Schüttern fuhr der giftige Apfelgrütz«, so heißt es im Text, »aus dem Hals«.

Der Berg des Eigenen

Wenn Schneewittchen zu der als Krämerin verkleideten Stiefmutter aus dem Fenster blickt, wiederholt sie unter anderem die Fensterszene ihrer Mutter. Saturn, der als Rahmen des Bestehenden eingangs in schwarzen Ebenholz präsent ist, taucht im Märchen ebenfalls mehrfach wieder auf: Etwa in Gestalt der Zwerge; diese schätzen ihre gehabte Ordnung und bemerken sofort, daß die feine Anrichtung ihres gedeckten Tisches verändert wurde (eine *veränderte* Ordnung festzustellen, ist im übrigen einer der Anfangsgründe des Bewußtseins); an Saturn erinnert weiterhin die Arbeit der Zwerge, die »in den Bergen« nach »Erz und Gold« suchen. Saturn tritt aber auch in Gestalt des Schneewittchens auf, das wiederholt gegenüber der verkleideten Spiegel-Königin zur *Hüterin der Schwelle* (nämlich der des Zwergenhäuschens) wird.

In ihrer Aufgabe, die Schwelle und das Eigene zu hüten, versagt Schneewittchen nur scheinbar. Ein umfassender Selbstschutz, der nicht auf Abschottung und herzloser Härte beruht, ist nur einem ausgebildeten, erwachsenen Bewußtsein möglich. Dieses aber fehlt dem Schneewittchen bis zur Ausreifung im Glassarg (der so gesehen eine Art Brutkasten für ihre zweite, ihre selbstbewußte Geburt darstellt). Bis dahin muß Schneewittchen das Andere letztlich noch ununterschieden zu sich hineinlassen, um aus der Erfahrung eigene Urteile gewinnen zu können. Gerade das *dient* jedoch dazu, das Eigene herauszufiltern.

Schneewittchen geht in sich, dafür ist ihre Lebensphase »hinter Glas« nur ein zugespitzter, aber nicht der einzige Ausdruck. Sie reift an sich selbst und ihren Er-

fahrungen, was ein Zeichen für ein taugliches Bewußtsein ist. Diese Arbeit, nach innen zu gehen, um dann mit
einem gewandelten Bewußtsein wieder neuzuerstehen,
verkörpern aber auch die Zwerge, die in ihr Bergwerk
einfahren und aus ihrer Arbeit unter Tage Licht mitbringen: »Als es dunkel geworden war, (...) kamen die
sieben Zwerge (...). Sie zündeten ihre sieben Lichtlein
an«. – Ein langer Prozeß ist erforderlich, bis wir im Berg
des Bestehenden unser eigenes Gold finden; ein ebenso
langer Weg, bis wir unser je eigenes Bewußtsein dem
Berg des Bestehenden hinzufügen können.

Wenn Schneewittchen schließlich neu erwacht, ist sie
»über den Berg«. Die Szene zuvor, in welcher die
Zwerge »den Sarg hinaus auf den Berg« setzen, ist jedoch auch überaus bedeutungsvoll. Sie stellt buchstäblich eine »Spitzenleistung« dar: Das Eigene wird her-
ausgestellt. – Wer nur sich selbst kennt, bleibt tief auf
der Erde, ein flaches Licht. Wer allein die Gewohnheiten seiner Vorfahren und Mitmenschen verfolgt (ohne
eigenen Funken), stellt sich vielleicht auf einen Berg;
doch dieser bleibt oben stumpf, ohne Zuspitzung. Wer
jedoch sein eigenes Licht den Berg hochbringt, der oder
die errichtet eine Pyramide: Einen Berg mit leuchten-
dem Gipfel. Wenn man/frau so will, ist dies tatsächlich
der »Stein der Weisen«: Die Weisheit des Steins – eine
Erde, die durch das menschliche Bewußtsein nicht vergiftet und zerstört, sondern erhellt und erleuchtet
wird. –

Es folgt nun das Märchen »Dornröschen«, welches
diese Thematik ergänzt und weiterführt.

Dornröschen

Vor Zeiten war ein König und eine Königin, die sprachen jeden Tag: »Ach, wenn wir doch ein Kind hätten!« und kriegten immer keines. Da trug sich zu, als die Königin einmal im Bade saß, daß ein Frosch aus dem Wasser ans Land kroch und zu ihr sprach: »Dein Wunsch wird erfüllt werden; ehe ein Jahr vergeht, wirst du eine Tochter zur Welt bringen.« Was der Frosch gesagt hatte, das geschah, und die Königin gebar ein Mädchen, das war so schön, daß der König vor Freude sich nicht zu lassen wußte und ein großes Fest anstellte. Er ladete nicht bloß seine Verwandte, Freunde und Bekannte, sondern auch die weisen Frauen dazu ein, damit sie dem Kind hold und gewogen wären. Es waren ihrer dreizehn in seinem Reiche; weil er aber nur zwölf goldene Teller hatte, von welchen sie essen sollten, so mußte eine von ihnen daheim bleiben. Das Fest ward mit aller Pracht gefeiert, und als es zu Ende war, beschenkten die weisen Frauen das Kind mit ihren Wundergaben. Die eine mit Tugend, die andere mit Schönheit, die dritte mit Reichtum, und so mit allem, was auf der Welt zu wünschen ist. Als elfe ihre Sprüche eben getan hatten, trat plötzlich die dreizehnte herein. Sie wollte sich dafür rächen, daß sie nicht eingeladen war, und ohne jemand zu grüßen oder nur anzusehen, rief sie mit lauter Stimme: »Die Königstocher soll sich in ihrem fünfzehnten Jahr an einer Spindel stechen und tot hinfallen.« Und ohne ein Wort weiter zu sprechen, kehrte sie sich um und verließ den Saal. Alle waren erschrocken, da trat die zwölfte hervor, die ihren Wunsch noch übrig hatte, und weil sie den bösen Spruch nicht aufheben, sondern nur ihn mildern konnte, so sagte sie: »Es soll aber kein Tod sein, sondern ein hundertjähriger tiefer Schlaf, in welchen die Königstochter fällt.«

Der König, der sein liebes Kind vor dem Unglück gern bewahren wollte, ließ den Befehl ausgehen, daß alle Spindeln im ganzen Königreiche sollten verbrannt werden. An dem Mädchen aber wurden die Gaben der weisen Frauen sämtlich erfüllt, denn es war so schön, sittsam, freundlich und verständig, daß es jedermann, der es ansah, liebhaben mußte. Es geschah, daß an dem Tage, wo es gerade fünfzehn Jahr alt ward, der König und die Königin nicht zu Haus waren und das Mädchen ganz allein im Schloß zurückblieb. Da ging es allerorten herum, besah Stuben und Kammern, wie es Lust hatte, und kam endlich auch an einen alten Turm. Es stieg die enge Wendeltreppe hinauf und gelangte zu einer kleinen Türe. In dem Schloß steckte ein verrosteter Schlüssel, und als es umdrehte, sprang die Türe auf und saß da in einem kleinen Stübchen eine alte Frau mit einer Spindel und spann emsig ihren Flachs. »Guten Tag, du altes Mütterchen«, sprach die Königstochter, »was machst du da?« – »Ich spinne«, sagte die Alte und nickte mit dem Kopf. »Was ist das für ein Ding, das so lustig herumspringt?« sprach das Mädchen, nahm die Spindel und wollte auch spinnen. Kaum hatte sie aber die Spindel angerührt, so ging der Zauberspruch in Erfüllung, und sie stach sich damit in den Finger.

In dem Augenblick aber, wo sie den Stich empfand, fiel sie auf das Bett nieder, das dastand, und lag in einem tiefen Schlaf. Und dieser Schlaf verbreitete sich über das ganze Schloß: der König und die Königin, die eben heimgekommen und in den Saal getreten waren, fingen an einzuschlafen und der ganze Hofstaat mit ihnen. Da schliefen auch die Pferde im Stall, die Hunde im Hofe, die Tauben auf dem Dache, die Fliegen an der Wand, ja, das Feuer, das auf dem Herde flackerte, ward still und schlief ein, und der Braten hörte auf zu brutzeln, und der Koch, der den Kü-

chenjungen, weil er etwas versehen hatte, in den Haaren
ziehen wollte, ließ ihn los und schlief. Und der Wind legte
sich, und auf den Bäumen vor dem Schloß regte sich kein
Blättchen mehr.

Rings um das Schloß aber begann eine Dornenhecke zu
wachsen, die jedes Jahr höher ward und endlich das ganze
Schloß umzog und darüber hinaus wuchs, daß gar nichts
mehr davon zu sehen war, selbst nicht die Fahne auf dem
Dach. Es ging aber die Sage in dem Land von dem schönen
schlafenden Dornröschen, denn so ward die Königstocher
genannt, also daß von Zeit zu Zeit Königssöhne kamen
und durch die Hecke in das Schloß dringen wollten. Es
war ihnen aber nicht möglich, denn die Dornen, als hätten
sie Hände, hielten fest zusammen, und die Jünglinge bleiben darin hängen, konnten sich nicht wieder losmachen
und starben eines jämmerlichen Todes. Nach langen langen Jahren kam wieder einmal ein Königssohn in das Land
und hörte, wie ein alter Mann von der Dornhecke erzählte, es sollte ein Schloß dahinter stehen, in welchem
eine wunderschöne Königstocher, Dornröschen genannt,
schon seit hundert Jahren schliefe, und mit ihr schliefe der
König und die Königin und der ganze Hofstaat. Er wußte
auch von seinem Großvater, daß schon viele Königssöhne
gekommen wären und versucht hätten, durch die Dornenhecke zu dringen, aber sie wären darin hängengeblieben
und eines traurigen Todes gestorben. Da sprach der Jüngling: »Ich fürchte mich nicht, ich will hinaus und das
schöne Dornröschen sehen.« Der gute Alte mochte ihm
abraten, wie er wollte, er hörte nicht auf seine Worte.

Nun waren aber gerade die hundert Jahre verflossen,
und der Tag war gekommen, wo Dornröschen wieder erwachen sollte. Als der Köngissohn sich der Dornenhecke
näherte, waren es lauter große, schöne Blumen, die taten

sich von selbst auseinander und ließen ihn unbeschädigt hindurch, und hinter ihm taten sie sich wieder als eine Hecke zusammen. Im Schloßhof sah er die Pferde und scheckigen Jagdhunde liegen und schlafen, auf dem Dache saßen die Tauben und hatten das Köpfchen unter die Flügel gesteckt. Und als er ins Haus kam, schliefen die Fliegen an der Wand, der Koch in der Küche hielt noch die Hand, als wollte er den Jungen anpacken, und die Magd saß vor dem schwarzen Huhn, das sollte gerupft werden. Da ging er weiter und sah im Saale den ganzen Hofstaat liegen und schlafen, und oben bei dem Throne lag der König und die Königin. Da ging er noch weiter, und alles war so still, daß einer seinen Atem hören konnte, und endlich kam er zu dem Turm und öffnete die Türe zu der kleinen Stube, in welcher Dornröschen schlief. Da lag es und war so schön, daß er die Augen nicht abwenden konnte, und er bückte sich und gab ihm einen Kuß. Wie er es mit dem Kuß berührt hatte, schlug Dornröschen die Augen auf, erwachte und blickte ihn ganz freundlich an. Da gingen sie zusammen herab, und der König erwachte und die Königin und der ganze Hofstaat und sahen einander mit großen Augen an. Und die Pferde im Hof standen auf und rüttelten sich: die Jagdhunde sprangen und wedelten. Die Tauben auf dem Dache zogen das Köpfchen unterm Flügel hervor, sahen umher und flogen ins Feld: die Fliegen an den Wänden krochen weiter: das Feuer in der Küche erhob sich, flakkerte und kochte das Essen: Der Braten fing an zu brutzeln: und der Koch gab dem Jungen eine Ohrfeige, daß er schrie: und die Magd rupfte das Huhn fertig. Und da wurde die Hochzeit des Königssohns mit dem Dornröschen in aller Pracht gefeiert, und sie lebten vergnügt bis an ihr Ende.

Dieses Märchen wiederholt den Stich der Bewußtwerdung und die Phase der scheinbaren Leblosigkeit, welche auch Thema bei »Schneewittchen« sind. Ohne auf alle zentralen Motive des Märchens einzugehen, sollen zwei Aspekte zur Ergänzung der bisherigen Darlegungen hervorgehoben werden.

»Die 13. Tür«

Der Spindelstich mit anschließendem hundertjährigen Schlaf kann als ein Schock verstanden werden, der eintritt, als Dornröschen mit einem Tabu in Berührung kommt – einem Tabu, das in Zusammenhang mit den 13 weisen Frauen ein altes weibliches Tabu-Thema sein mag. Dieses Tabu kann zunächst die eigene Sexualität beinhalten. Der Frosch, welcher eingangs aus dem Wasser ans Land kriecht, symbolisiert ein Verlangen, das vom Unbewußten ins Bewußtsein vordringt. Frosch (oder Kröte) besitzen häufig eine sexuelle Bedeutung, in vielen Märchen mit der Tendenz der (weiblichen) Abwehr der Sexualität und einer (männlichen) Projektion von geschlechtlichen Ängsten auf ein Zerrbild der Weiblichkeit.

Verschiedentlich ist das gesamte Märchen schlicht als eine blumige Beschreibung des dornigen Weges zum berühmten »ersten Mal« des Beischlafs gedeutet worden. Doch das allein ist zuwenig. Der Spindelstich bedeutet eben auch den Einbruch des Bewußtseins; die Turmkammer ist auch ein Symbol des »Oberstübchens«, des Kopfs und des Geistes, worin fleißig gesponnen wird. – Nicht nur die Sexualität, sondern ebenfalls ein selbständiges Bewußtsein gehört in die Liste alter Tabus. Eines der mächtigsten Tabus bezieht sich jedoch auf die *Verbindung* von Bewußtsein und Geschlechtlichkeit; und eben darum geht es in diesem Märchen, was sowohl der Frosch, der vom Wasser aufs Land geht, wie der Königssohn, der den Turm von unten nach oben hinaufsteigt, deutlich machen. Das Tabu, die 13. Tür, die hier geöffnet wird, beinhaltet einen *Zusammenhang zweier Extreme*: Das Unbewußte und das Bewußte stehen in einer engen, wechselseitigen Abhängigkeit voneinander, das Wohlergehen des einen ist ohne das des anderen unmöglich. Wie Wolfgang Neuss einmal formulierte: »Ohne Politik der Ekstase keine Politik der Erkenntnis«. Und umgekehrt.

»Hundert Jahre Einsamkeit«

Der schockartige Schlaf bewirkt, daß am Ort des Geschehens die Zeit stehenbleibt. Dies ist ein treffendes Sinnbild für eine Erfahrung, die sich so einprägt, daß wir sie fortwährend und unverändert in uns tragen. Von den Punkten unseres Lebens, wo die Verbindung von geistigem Bewußtsein und persönlicher Betroffenheit, einschließlich der Sexualität und anderer Bedürfnisse, *nicht* gelingt oder abgebrochen wird, haftet uns eine Art innerer Erstarrung an, Klischees, festsitzende *Haltungen*. Bestimmte einmalige Erlebnisse behalten eine bleibende Wirkung, welche die lebendige und geistige Offenheit eines Menschen mit der Zeit unter sich vergräbt wie die Dornenhecke das Schloß, von dem schließlich »nichts mehr (...) zu sehen war, selbst nicht die Fahne auf dem Dach«. Diese Friedhofstille ist das Gegenbild zum Frieden eines vereinten und geeigneten

Bewußtseins, welches geistige und körperliche Lebhaftigkeit zusammenfaßt.

Zum Wegweiser für die Erlösung wird in diesem Märchen ein »alter Mann«, der vom Dornröschen erzählt. Der alte Mann ist die in der Märchenwelt geläufige Gestalt des »alten Weisen«, eine Entsprechung des astrologischen Saturns. Dieser fordert, wie an anderer Stelle dargestellt, zur Bestimmung des Eigenen auf. Wenn wir uns auf diese Suche nach dem Wesentlichen begeben, dann geschehen die Dinge zur rechten Zeit, sogar verschüttete Erfahrungsbereiche werden wieder zugänglich, und in erstarrte Vorstellungen und Gewohnheiten kommt neues Leben.

Liebe und Gerechtigkeit

Die Waage als Sinnbild des persönlichen Selbstverständnisses

Das Tierkreiszeichen Waage, an der Nahtstelle von Vagem und Gewogenem, von Unbewußtem und Bewußtem zu Hause, ist wie kein anderes Zeichen dazu berufen, Erfahrung und Urteil deutlich voneinander zu trennen sowie den Übergang vom einen zum anderen zu ermöglichen und damit neue Formen des Bewußtseins zu erkunden. Dabei ist eine bestimmte »Technik« erforderlich, wie Bertolt Brecht in dem Motto erklärt, das diesem Buch vorangestellt ist. Die Techniken der Bewußtwerdung sind im einzelnen recht vielfältig. Gemeinsam ist ihnen jedoch die Ausbildung des Eigenen. *Das Eigene* ist indes eine diffizile Angelegenheit. Standort und Zielsetzungen einer Person in der Welt müssen deutlich sein, ehe das Eigene in seiner wirklichen Bedeutung (und nicht in blinder Gewohnheit, nicht in subjektiver Einseitigkeit) greifbar wird. Ein Bewußtsein des Eigenen und ein im Wortsinne *eigenes Bewußtsein* sind also Ergebnisse eines langen Prozesses, andererseits sind sie jedoch notwendige Voraussetzungen, um überhaupt zu eigenen, zu ge-eigneten Erkenntnissen zu gelangen.

Diesem Widerspruch zwischen dem Bedürfnis nach klaren Entscheidungsgrundlagen einerseits und der Aufgabe, sich eben ohne solche entscheiden zu müssen, andererseits sieht sich der Waage-Typus sein Leben lang ausgesetzt. Würde dieser Widerspruch eines Tages fehlen, wäre dies für ihn ein Alarmzeichen. Die Spezialität dieses Tierkreiszeichens ist die *Entdeckung des Anderen* – des und der anderen Menschen, der anderen Seiten in einer/m selber. Die Definition der Waage »Ich gleiche aus« ergibt sich aus dieser speziellen Begabung, erfordert und ermöglicht doch die fortwährende Auseinandersetzung mit Unbekanntem eine permanente Bewertung des Alten wie des Neuen und einen ständigen *Ausgleich* zwischen den verschiedensten Eindrücken und Erkenntnissen. Kurz, ohne die Widersprüche zwischen der Offenheit sowie der Vieldeutigkeit einer Erfahrung und der Verbindlichkeit sowie der Eindeutigkeit einer Beurteilung wäre die Waage nicht sie selbst. Sie kommt damit immer wieder in Zerreißproben, Drucksituationen und Härtetests. Andererseits bewährt sich die Waage aber nicht zuletzt in Streßsituationen, denn die Fähigkeit, ständig und überall Anderes, Unbekanntes und Neues zu entdecken, hilft ihr in besonderem Maße, auch in scheinbar ausweglosen Situationen neue Lösungswege zu finden, ja selbst in Schwierigkeiten neue Erfahrungen und Erkenntnisse zu sammeln, die sie im Ergebnis reifen lassen und stärken.

Liebe und Gerechtigkeit haben bei der Waage ihren besonderen Platz. Erst die Offenheit für das Andere (jenseits des Vertrauten und jenseits des eigenen Selbst) macht Liebe und Gerechtigkeit möglich, begegnet der Gefahr, den/die/das Andere vorwiegend als Abbild oder Spiegel der eigenen Person zu lieben bzw. zu beurteilen.

Alte Standards und neues Bewußtsein

Die Charakterisierung der Waage bliebe jedoch unvollständig, wenn nicht eigens die Züge von Grausamkeit und Gleichgültigkeit sowie von betäubungsartigem Schlaf und atemberaubender Ahnungslosigkeit Berücksichtigung fänden, von welchen die Symbolsprachen im einzelnen berichten. Der Mechanismus der Waage funktioniert nur, solange sie alles, was geschieht, als Mittel, als Gegenstand der Bewußtwerdung zu verstehen vermag.

Das Bewußtsein aber ist eine vergleichsweise junge Errungenschaft der Menschheitsgeschichte. Und, seltsam genug, gerade dieses unsere, das ausgehende 20. Jahrhundert, brachte eine bestimmte *neue* Stufe des menschlichen Bewußtseins zur Geltung, die gänzlich ohne Vorgeschichte ist: Eine Massengesellschaft von Individuen, die vor der beispiellosen Aufgabe und der unvergleichlichen Chance stehen, ein je eigenes Bewußtsein auszubilden. Erst die Person, das Individuum als Trägerin bzw. Träger des Bewußtseins eröffnet die Möglichkeit, die uralte Kluft zwischen Bewußtsein und Dasein zu überbrücken. Erst aber die *massenhafte* Zahl von Individuen macht es auch zur Notwendigkeit, eben diese bestimmte Kluft zu überbrücken.

Ohne Existenz des Individuums und selbst, solange nur *einzelne* ein individuelles Leben gestalten, bleibt die Macht abgehobener, alltagsferner Geistesinstanzen sowie andererseits die Macht der bloßen Gewohnheit, einer geistfernen Lebenspraxis bestehen. Der Widerstand der einen wie der anderen Macht gegen ein neues Bewußtsein, das vom Individuum ausgeht und welches Anspruch und Wirklichkeit, geistige Unbedingtheit und alltägliche Notwendigkeit nunmehr verbindet, ist berechtigt, solange dieses Neue die alten Standards nicht umfassend verarbeitet und aufgehoben hat. Sobald jedoch dieses neue Bewußtsein hinreichend ausdifferenziert ist, wird die Macht der alten Gegensätzlichkeiten von Bewußtheit und Lebendigkeit hinfällig.

Nun, Grausamkeit und Gleichgültigkeit, Betäubung und Fassungslosigkeit sind typische Ausdrucksformen, ja notwendige Folgeerscheinungen jenes alten Bewußtseins, das noch in Konkurrenz zu Körper, Seele und Wille stand oder steht. Schneewittchen und ihre Stiefmutter sind dafür gute Beispiele. – Die Märchen und auch die anderen hier angesprochenen Symbolsprachen geben allerdings geistige und praktische Perspektiven an, die auf der einen Seite tatsächlich wenig mit der skizzierten neuartigen Situation unserer Zeit gemeinsam haben. Es ist wirklich so, daß die »Massengesellschaft von Individuen« ohne historisches Beispiel und ohne Vorbild ist. Um dafür jedoch ein adäquates Bewußtsein zu entwickeln, ist es von entscheidender Bedeutung, die »alten Standards« zu beerben und aufzuheben, was ihre Kenntnis und ihr Verständnis voraussetzt. Dies dient dazu, das beschriebene neue Bewußtsein auszubauen; das dient ferner dazu, die Reichweite, die Zuverlässigkeit neuer Lösungswege zu erhöhen, damit beispielsweise in individuellen oder kollektiven Krisen nicht Willkür und Gleichgültigkeit, Ohnmacht und Unverständnis, sondern eben Liebe und Gerechtigkeit wirksam werden.

Der Dreh- und Angelpunkt

In Westeuropa ist es nicht mehr als gut dreißig Jahre her, daß die zitierte Individualität in massenhaftem Umfang zur unübersehbaren Tatsache geworden ist. Seit dieser Zeit haben alle Wissenschaften und Künste das Individuelle sowie das Alltägliche als neue Bezugspunkte entdeckt, während der Alltag auf der anderen Seite zunehmend von Wissenschaft und Kunst (von Künstlichkeit, aber auch von Lebenskunst) durchzogen wird. In dieser Situation können die hier behandelten Symbolsprachen eine besondere Hilfestellung bieten. Es ist kein Zufall, sondern hat System, daß Tarot, Astrologie, Traumdeutung und Märchen uns an Knoten- oder Wendepunkte der Geschichte der Neuzeit heranführen, an denen die Entstehung des Individuums bestimmte Entwicklungsschübe erfuhr.

Ein solcher Knotenpunkt ist die Zeit der Erklärung der Menschenrechte am Ende des 18. Jahrhunderts. Viele Märchensammlungen, namentlich die der Gebrüder Grimm, erwachsen in dieser Periode. Zur gleichen Zeit beginnt die schriftlich überlieferte Tarotdeutung und ebenfalls zeitgleich (in Gestalt der später so genannten Hypnose) die Vorlaufphase der Psychoanalyse und der modernen Traumdeutung. Die Astrologie schließlich wird, wiederum zur gleichen Zeit, überaus erschüttert, als die Astronomen den Uranus entdecken (1781), als ersten der drei äußeren, in der Neuzeit erkannten Planeten, was die seit der Antike geläufige Deutung der Planetenkräfte vor eine ganz neue Situation stellt.

Ein weiterer solcher Knotenpunkt ist die Renaissancezeit und ein anderer deren Vorbereitung im späten

Mittelalter. Am Beispiel der mittelalterlichen Alchemie können wir eine Vorstellung von einer jener frühen Stufen gewinnen, welche eine Vorahnung von den Handlungs- und Erkenntnismöglichkeiten eines Individuums entwickelten.

All dies betrifft die Ursprünge dessen, was wir heute »Selbsterfahrung« nennen, und diese Ursprünge sind in den genannten Symbolsprachen oftmals gut erhalten. Zu den Quellen der Selbsterfahrung jedenfalls, in welcher Gestalt auch immer, muß der Waage-Typus – die Waage in uns allen – immer wieder zurückkehren, um sein Bewußtsein und sein Selbstverständnis zu erneuern. Denn dies ist sein, ist unser aller Dreh- und Angelpunkt.

Anmerkungen

S. 7: »Unsere Erfahrungen…«: Bertolt Brecht, genaue Quelle unbekannt.

S. 12 f.: **Erich Fromm:** Märchen, Mythen, Träume. Eine Einführung in das Verständnis einer vergessenen Sprache. Reinbek 1981, S. 9, 13.

S. 14 f.: »**Kaum eine Lebensäußerung…**« aus: StadtRevue Köln, Heft 1/85. – Die sich an das Zitat anschließende Textpassage folgt der Darstellung in: Johannes Fiebig: Tarot – Andere Wege im Alltag. 2. Aufl. Bonn 1988, S. 33 und 36.

S. 23 f.: **Erich Fromm,** a. a. O., S. 28 f.

S. 31 ff.: **Saturn ist in der Waage erhöht:** Jeder Planet besitzt in der Astrologie ein Zeichen, in welchem er erhöht steht. In dieser erhöhten Position sind der betreffende Planet wie das betroffene Zeichen besonders stark; allerdings erfahren beide – Planet und Zeichen – im Vorgang der Erhöhung Veränderungen und Verwandlungen. Die nachfolgende Tabelle gibt eine Zusammenstellung der üblichen Erhöhungen.

Planet	herrscht	und ist erhöht in
Sonne	Löwe	Widder
Mond	Krebs	Stier
Merkur	Zwillinge und Jungfrau	Jungfrau
Mars	Widder	Steinbock
Venus	Stier und Waage	Fische
Jupiter	Schütze	Krebs
Uranus	Wassermann	Skorpion
Neptun	Fische	Krebs
Pluto	Skorpion	Löwe

S. 32: **J. W. A. Pfaff: Astrologie. Nürnberg 1816,** zitiert n. Udo Bekker: Was sagen Sterne? Einführung in die Astrologie. Freiburg 1983, S. 98.

S. 32: **Hermann Meyer:** Astrologie und Psychologie. Eine neue Synthese. Reinbek 1986, S. 265, 140 und 274.

S. 33: **Liz Green:** Saturn. München 1983.

S. 33: **Zu C. G. Jung vgl. hier: Jolande Jacobi:** Die Psychologie von C. G. Jung. Frankfurt a. M. 1978, S. 125.

S. 54: **»Wie ein Abtauchen...«** aus: Johannes Fiebig: Tarot – Andre Wege im Alltag, a. a. O., S. 36 f.

S. 55: **Wim Wenders,** zit. n. Kölner Stadtanzeiger v. 14./15.3.1987

S. 57: **Tarot und Astrologie:** Die vorliegende Zuordnung der Tarot-Karten zu Tierkreiszeichen und Planeten geht auf den Golden-Dawn-Orden (Orden der Goldenen Dämmerung) zurück. Dieser war eine Rosenkreuzer-Vereinigung in England. 1888 gegründet, zerfiel er bald nach 1900 wieder. Seine Bedeutung besteht u. a. darin, daß der Orden ein Erbe der reichhaltigen esoterischen Theoriebildungen des 19. Jahrhunderts war, die er seinerseits zusammenzufassen suchte. Die Tarot-Karten spielten dabei eine Rolle unter vielem anderen. Die heute gängigsten Tarot-Karten (Rider Waite Tarot und Crowley Thoth Tarot, ohne welche die Tarot-Welle der letzten 10 bis 20 Jahre nicht vorstellbar ist) gehen auf Urheber/innen zurück, die zuvor einmal Mitglied im Golden-Dawn-Orden gewesen sind: Pamela Colman Smith und Arthur E. Waite sowie Lady Frieda Harris und Aleister Crowley.

Bei der Konzeption ihrer Karten folgten beide Produzentenpaare – mit geringen Unterschieden – in der Zuordnung zur Astrologie dem Golden-Dawn-Muster, das auch in diesem Buch wiedergegeben ist. Deshalb finden sich die hier genannten Zuordnungen im Rider-Tarot oftmals im Kartenbild wieder (z. B. Widder-Zeichen auf der Karte »IV-der Herrscher« und Stier-Köpfe im Bild des »Münz-König«), und auf den Crowley-Karten sind diese selben Zuordnungen fast sämtlich als Zeichen angegeben.

Literatur dazu: Robert Wang: Der Tarot des Golden Dawn. Sauerlach 1985. – Israel Regardie: Das magische System des Golden Dawn. 3. Bde. Freiburg 1987. – Evelin Bürger & Johannes Fiebig: Tarot – Spiegel Deiner Möglichkeiten. 8. Aufl. Trier 1991, S. 115.

Neben der vorliegenden gibt es mehr als ein halbes Dutzend weitere Arten der Zuordnung, die in der Literatur vorgeschlagen werden. Diese sind jedoch nicht empfehlenswert, meist schon aus formalen Gründen, weil jeweils nur einem Teil der insgesamt 78 Tarot-Karten astrologische Werte beigegeben wurden. Inhaltliche Probleme entstehen daraus, daß die Tarot-Karten hauptsächlich zur Erläuterung von astrologischen oder sonstigen archetypischen Prinzipien benutzt werden und somit ihr Eigenleben verlieren. Das gilt auch für das Buch zu den im übrigen schönen Tarot-Karten von Mertz/Struck: B. A. Mertz und Paul Struck: Astrologie und Tarot. Interlaken 1981. – Eine Übersicht über verschiedene Zuordnungsweisen finden Sie in: Stuart R. Kaplan, The Encyclopedia of Tarot. Bd. 1, New York 1978, S. 4f.

S. 65: Umstellung der Karten VIII und XI: »Der Golden-Dawn-Orden führte um 1900 die Umstellung der Karten VIII und XI ein, die durch das Rider-Waite- und andere Decks übernommen und verbreitet wurde. A.E. Waite schrieb seinerzeit zu den Gründen dieser Umstellung: ›Auf Grund von Überlegungen, die für mich überzeugend waren, wurde die Karte (›Kraft‹, d. Verf.) mit der Karte der Gerechtigkeit vertauscht, der normalerweise die Zahl 8 zugeordnet wird. Da diese Abänderung nichts Bedeutsames für den Leser beinhaltet, ist auch keine Erklärung notwendig.‹ Sei's drum! In Tarot-Gruppen konnte ich die Erfahrung machen, daß Leute nebeneinander ganz verschiedene Decks benutzen, ohne daß dies einen prinzipiellen Unterschied ausmachte. So liefen auch Spiele und Übungen, bei denen es auf Zahlen ankam, mit unterschiedlichen Decks gleichzeitig, mit und ohne Umstellung von VIII und XI, ohne daß dies die persönlichen Ergebnisse schmälerte«. Aus: Johannes Fiebig, a.a.O., S. 86. – Das hierin wiedergegebene Zitat von Arthur E. Waite stammt aus: A. E. Waite: Der Bilderschlüssel zum Tarot. Waakirchen 1978, S. 63.

S. 80: »Wenn Du die Schwerter…« aus: Johannes Fiebig, a.a.O., S. 98.

S. 88: »**Traumentzug**«: Vgl. Friedrich W. Doucet: Traum und Traumdeutung. München 1973, S. 24 f.

S. 89: »**Königsweg**«: Sigmund Freud: Die Traumdeutung. Frankfurt a. M. 1982 (Studienausgabe Bd. II), S. 577.

S. 90: **Wilhelm Unger**: »Wofür ist das ein Zeichen?« Auswahl aus den Werken. Hrsg. v. Meret Meyer. Köln 1984, S. 300.

S. 125 f.: »**Farben**«: Schwarz und Weiß sind eher Nicht-Farben oder »unbunte Farben«. – Schwarz-weiß-rot waren u. a. auch die Farben des Deutschen Kaiserreichs von 1871.

S. 128 f.: »**Psychologie und Alchemie**«: Vgl. C. G. Jung, Gesammelte Werke Bd. 12, 13 und 14/I.–III. – Hier zitiert aus: ders.: Die Erlösungsvorstellungen in der Alchemie, in: Gesammelte Werke, Bd. 12 (Psychologie und Alchemie). 4. Aufl. Olten 1984, S. 267 ff.

S. 142: »**Die 13. Tür**«: Luisa Francia: Die 13. Tür. München 1991

S. 143: »**Hundert Jahre Einsamkeit**«: Gabriel García Márquez: Hundert Jahre Einsamkeit. München 1986.

Literaturhinweise

Astrologie

Barz, Ellynor: Götter und Planeten. Grundlagen archetypischer Astrologie. Zürich 1988

Döbereiner, Wolfgang: Astrologisches Lehr- und Übungsbuch: Münchner Rhythmenlehre. 6 Bände. München 1984 ff.

ders.: Heyne Tierkreis-Bücher. 12 Bände von Widder bis Fische. München 1974 f.

Greene, Liz: Schicksal und Astrologie. Die Familie im Spiegel des Horoskops. Münschen 1985

Haage, Bernhard D. (Hrsg.): Sternzeichen aus einem alten Schicksalsbuch – Waage. Mit einer Einleitung von Christiane von Wiese. Frankfurt a.M. 1982

Huber, Louise: Die Tierkreiszeichen. Reflexionen, Meditationen. 2. Aufl. Zürich 1983

Karrer, Iso: Tierkreis und Jahreslauf. Astrologie in Mythos und Volksbrauch. Basel 1985

Kennedy, Jan: Der Marsfaktor. München 1991

Meyer, Hermann: Astrologie und Psychologie. Eine neue Synthese. München 1981, Reinbek 1986

Riemann, Fritz: Lebenshilfe Astrologie. Gedanken und Erfahrungen. München 1977

Rosenberg, Alfons: Zeichen am Himmel. Das Weltbild der Astrologie. München 2. erw. Aufl. 1984

Roscher, Michael: Venus und Mars. Partnerschaft und Sexualität im Horoskop. München 1988.

ders.: Der Mond. Astrologisch-psychologische Entwicklungszyklen. München 1986.

Sakoian, Frances, und Louis S. Acker: Das große Lehrbuch der Astrologie. München 1984

Sterneder, Hans: Tierkreisgeheimnis und Menschenleben. 2. Aufl. Freiburg 1985

Sun Bear und Wabun: Das Medizinrad. Eine Astrologie der Erde. 6. Aufl. München 1984

Weiss, Jean-Claude: Astrologie – Eine Wissenschaft von Raum und Zeit. Wettswil 1987

Tarot

Anonymus d'Outre-Tombe: Schlüssel zum Geheimnis der Welt. Meditationsübungen zum Tarot. Hrsg. v. Gertrude Sartory, Freiburg 1987

Banzhaf, Hajo: Das Tarot-Handbuch. München 1986

Bürger, Evelin, und Johannes Fiebig: Tarot – Spiegel Deiner Möglichkeiten. Ausgabe Rider-Tarot: 8. Auflage Trier 1991. Ausgabe Crowley-Tarot: Trier 1991

Crowley, Aleister: Das Buch Thoth (Ägyptischer Tarot). Waakirchen 1981

Deutsches Spielkarten-Museum: Tarot – Tarock – Tarocchi. Bearbeitet von Detlef Hoffmann und Margot Dietrich. Leinfelden-Echterdingen 1988 (Deutsches Spielkaren-Museum, Schönbuchstraße 32, D-7022 Leinfelden-Echterdingen)

Fiebig, Johannes: Tarot – Andere Wege im Alltag. 3. Aufl. Trier 1992

Francia, Luisa: Hexentarot. Traktat gegen Macht und Ohnmacht. 4., erw. Aufl. Zürich o.J.

Hollenstein, Marion: Zur psychologischen Deutung des Tarotspiels. Zürich 1981

Kaplan, Stuart R.: The Encyclopedia of Tarot. 3 Bde. New York 1978, 1986 und 1990

Leuenberger, Hans-Dieter: Schule des Tarot – Band 3. Das Spiel des Lebens. Freiburg 1984

Nichols, Sallie: Die Psychologie des Tarot. Interlaken 1984

Pollack, Rachel: Tarot. 78 Stufen der Weisheit. München 1985

Waite, A.E.: Der Bilderschlüssel zum Tarot. Waakirchen 1978

Ziegler, Gerd (Bodhigyan): Tarot – Spiegel der Seele. Sauerlach 1984

Traumdeutung

Adler, Alfred: Lebenskenntnis. Frankfurt a.M. 1978

Aeppli, Ernst: Der Traum und seine Deutung. München 1984

Doucet, Friedrich W.: Traum und Traumdeutung. München 1973

Freud, Sigmund: »Selbstdarstellung«. Frankfurt a.M. 1971

ders.: Die Traumdeutung. Frankfurt a.M. 1972

Hark, Helmut, Verena Kast, Ingrid Riedel (Hrsg.): *Reihe* Träume als

Wegweiser (Traumbild Baum, Traumbild Fuchs usw.) Olten und Freiburg 1986 ff.

Harnisch, Günter: Das große Traum-Lexikon. Freiburg 1989

Jacobi, Jolande: Die Psychologie von C. G. Jung. Eine Einführung in das Gesamtwerk, mit einem Geleitwort von C. G. Jung. Frankfurt a.M. 1978

Jung, C. G.: Bewußtes und Unbewußtes, Frankfurt a.M. 1957

ders.: Traum und Traumdeutung. München 1990

ders.: Wandlungen und Symbole der Libido. München 1991

Mann, Thomas: Freud und die Zukunft; in: Sigmund Freud: Abriß der Psychoanalyse. Das Unbehagen in der Kultur. Frankfurt a.M. 1970

Vollmar, Klausbernd: Dream Power. Ein Handbuch für Träumer. Berlin 1988

Märchen / Märchendeutung

Betz, Felicitas: Märchen als Schlüssel zur Welt. Lahr und München 1977

Drewermann, Eugen, und Ingrit Neuhaus: *Reihe* Grimms Märchen tiefenpsychologisch gedeutet. Olten und Freiburg 1982 ff.

Fiebig, Johannes: Märchen heute – was sie uns bedeuten. Planungsmaterial für den Deutschunterricht (in der Reihe: Deutsch – betrifft uns, hrsg. v. Guido Ossemann). Aachen 1985

Franz, Marie-Louise von: Psychologische Märcheninterpretation. Eine Einführung. München 1989

Grimm, Brüder Jacob und Wilhelm: Kinder- und Hausmärchen. Urfassung 1812/1814. Mit einem Nachwort von Peter Dettmering. Lindau o.J.

dies.: Kinder- und Hausmärchen: Jubiläumsausgabe zum 200. Geburtstag 1985/6: Ausgabe letzter Hand mit den Originalanmerkungen der Brüder Grimm, hrsg. v. Heinz Rölleke. Stuttgart 1984

Hetmann, Frederik: Traumgesicht und Zauberspur. Märchenforschung – Märchenkunde – Märchendiskussion. Frankfurt a.M. 1982

Seifert, Theodor (Hrsg.): *Reihe* Weisheit im Märchen. Zürich 1984 ff.

Wittmann, Ulla: Ich Narr vergaß die Zauberdinge. Märchen als Lebenshilfe für Erwachsene. Interlaken 1985.

Verschiedenes zur Symbolkunde

Arnheim, Rudolf: Anschauliches Denken. Zur Einheit von Bild und Begriff. Köln 1969

Bächtold-Stäubli, Hannes, und Eduard Hoffmann-Krayer (Hrsg.): Handwörterbuch des deutschen Aberglaubens. 10 Bände. Berlin 1927–42

Duerr, Hans Peter: Traumzeit. Über die Grenze zwischen Wildnis und Zivilisation. Frankfurt a. M. 1978

Feldenkrais, Moshé: Die Entdeckung des Selbstverständlichen. Frankfurt a.M. 1985

Fromm, Erich: Märchen, Mythen, Träume. Eine Einführung in das Verständnis einer vergessenen Sprache. Reinbek 1981

Grassi, Ernesto: Die Macht der Phantasie. Zur Geschichte des abendländischen Denkens. Königstein/Ts. 1979

Groddeck, Georg: Der Mensch als Symbol. Frankfurt a.M. 1978

Herder-Lexikon: Symbole. Freiburg 1978

Kellerer, Christian: Der Sprung ins Leere. Objet trouvé – Surrealismus – Zen. Köln 1982

Lang, Hermann: Die Sprache und das Unbewußte. Jacques Lacans Grundlegung der Psychoanalyse. Frankfurt a.M. 1986

Lurker, Manfred: Lexikon der Götter und Dämonen. Stuttgart 2. Aufl. 1989

ders. (Hrsg.): Wörterbuch der Symbolik, Stuttgart 4. Aufl. 1988

Miers, Horst E.: Lexikon des Geheimwissens. München 1986

Neumann, Erich: Ursprungsgeschichte des Bewußtseins. Frankfurt a. M. 1984

Ranke-Graves, Robert von: Griechische Mythologie. Quellen und Deutung. 2 Bde. Reinbek 1982

Ruck-Pauquèt, Gina: Geschichten für das Waage-Kind. Bayreuth 1983

Sölle, Dorothee: Stellvertretung. Ein Kapitel Theologie nach dem »Tode Gottes«. Stuttgart 1965 u. 1982

Vollmar, Klausbernd: Das Geheimnis der Farbe Schwarz. Südergellersen 1988

ders.: Das Geheimnis der Farbe Weiß. Südergellersen 1989

Wedewer, Rolf: Zur Sprachlichkeit von Bildern. Ein Beitrag zur Analogie von Sprache und Kunst. Köln 1985

Wittlich, Bernhard: Symbole und Zeichen. 2. Aufl. Bonn 1982

Buch & Tarot

...im attraktiven Geschenk-Set besonders preiswert...

1 Buch aus der Reihe
»Tarot, Astrologie, Träume & Märchen«
plus 1 Rider-Tarot, Taschenausgabe = DM 29,80

Rider-Tarot **plus**

Fiebig, Der Widder in uns...	ISBN 3-927808-**21**-0
Fiebig, Der Stier in uns...	ISBN 3-927808-**22**-9
Fiebig, Die Zwillinge in uns...	ISBN 3-927808-**23**-7
Fiebig, Tierkreiszeichen Krebs...	ISBN 3-927808-**24**-5
Fiebig, Der Löwe in uns...	ISBN 3-927808-**25**-3
Fiebig, Die Jungfrau in uns...	ISBN 3-927808-**26**-1
Fiebig, Die Waage in uns...	ISBN 3-927808-**27**-X
Fiebig, Der Skorpion in uns...	ISBN 3-927808-**28**-8
Fiebig, Der Schütze in uns...	ISBN 3-927808-**29**-6
Fiebig, Der Steinbock in uns...	ISBN 3-927808-**30**-X
Fiebig, Der Wassermann in uns...	ISBN 3-927808-**31**-8
Fiebig, Die Fische in uns...	ISBN 3-927808-**32**-6

1 Buch aus der Reihe
»Tarot, Astrologie, Träume & Märchen«
plus 1 Crowley-Tarot, Standard = DM 44,–

Crowley-Tarot **plus**

Fiebig, Der Widder in uns...	ISBN 3-927808-**41**-5
Fiebig, Der Stier in uns...	ISBN 3-927808-**42**-3
Fiebig, Die Zwillinge in uns...	ISBN 3-927808-**43**-1
Fiebig, Tierkreiszeichen Krebs...	ISBN 3-927808-**44**-X
Fiebig, Der Löwe in uns...	ISBN 3-927808-**45**-8
Fiebig, Die Jungfrau in uns...	ISBN 3-927808-**46**-6
Fiebig, Die Waage in uns...	ISBN 3-927808-**47**-4
Fiebig, Der Skorpion in uns...	ISBN 3-927808-**48**-2
Fiebig, Der Schütze in uns...	ISBN 3-927808-**49**-0
Fiebig, Der Steinbock in uns...	ISBN 3-927808-**50**-4
Fiebig, Der Wassermann in uns...	ISBN 3-927808-**51**-2
Fiebig, Die Fische in uns...	ISBN 3-927808-**52**-0

Preisänderungen vorbehalten

Zum Verschenken und an sich selber Denken.
Königsfurt Verlag. Erhältlich im Buchhandel.